LES SAINTES VOIES DE LA CROIX

OÙ IL EST TRAITÉ DE PLUSIEURS PEINES
INTÉRIEURES ET EXTÉRIEURES, ET DES MOYENS
D'EN FAIRE BON USAGE

HENRY-MARIE BOUDON

ALICIA ÉDITIONS

TABLE DES MATIÈRES

À NOTRE-DAME DE PITIÉ 7
À SAINT JEAN L'ÉVANGÉLISTE ET
AUX BIENHEUREUSES MARIES 9

LIVRE I

1. La science de la Croix est un mystère caché   15
2. S'il est à propos d'écrire des voies de la croix   20
3. La voie de la croix est le grand chemin royal de la bienheureuse éternité   26
4. Qu'il faut nécessairement marcher par la voie de la croix   30
5. Que le bonheur du chrétien consiste à souffrir en ce monde   35
6. Les croix sont une marque de prédestination, et d'une haute prédestination   53
7. Les croix élèvent à une gloire incomparable   58
8. Les croix sont le paradis de la terre   62
    Oraison à la très-sainte Vierge   66

LIVRE II

1. Les voies de la croix sont différentes   69
2. Que chacun doit porter sa croix et de quelle manière il faut la porter   73

3. Suite du même discours	78
4. Des croix corporelles	84
5. De la perte de l'honneur	89
6. Des persécutions des hommes	95
7. De la contradiction des bons	102
8. De l'abandonnement des créatures, et particulièrement des amis	107
Oraison à la très-sainte Vierge	112

LIVRE III

1. Des peines d'esprit, et premièrement des tentations d'infidélité et de blasphème	115
2. Des tentations de réprobation, de découragement et de désespoir	122
3. Des sécheresses, ténèbres, distractions et répugnances aux bons exercices	128
4. Des tentations contre la pureté	134
5. Des doutes et scrupules	140
6. Des peines causées par le démon	150
7. Des peines surnaturelles	165
8. Continuation du sujet précédent	172
Oraison à Notre-Dame des Martyrs	180

LIVRE IV

1. Des causes des croix	183
2. Pourquoi Dieu souvent ne nous exauce pas quand nous le prions qu'il nous délivre de nos souffrances	187
3. Des ennemis de la croix, et des ruses dont l'amour-propre et la prudence de la chair se servent pour se tirer de ses voies	190

4. Nous devons avoir une haute estime de la croix, et nous en tenir indignes	196
5. Que nous devons aimer la croix	203
6. Qu'il faut recevoir les croix avec joie, avec actions de grâces, avec étonnement	207
7. Qu'il faut porter sa croix avec toutes ses dimensions	213
8. La parfaite croix en la personne de la séraphique sainte Thérèse	220
Oraison à la très sainte-Vierge	237

À NOTRE-DAME DE PITIÉ

Sainte Vierge, ce petit ouvrage vient se rendre à vos pieds sacrés aussi bien que tous les autres qui sont sortis de mes mains, comme chose qui vous appartient par ma qualité d'esclave ; et parce que vous êtes ma souveraine Maîtresse et auguste Reine, j'ose vous le dédier, appuyé sur votre douceur inconcevable, comme à la Dame de toute pitié, votre douleur n'en ayant jamais eu de semblable parmi les pures créatures : et de vrai, si la douleur a pour fondement l'amour, il faut bien dire bien dire que la vôtre n'en a jamais eu d'égale, puisque votre amour ne peut souffrir de comparaison. Aussi êtes-vous toujours incomparable en quelque manière que l'on vous considère. Vos souffrances mériteraient que les créatures fondissent en larmes, et que tous les cœurs se fendissent de regret ; mais le mien particulièrement ne devrait plus vivre après la vue d'un tel spectacle, et si digne de compassion. Je le confesse, ma divine Princesse, il y a longtemps que je devrais être mort de douleur par la considération de l'extrémité de vos peines ; mais d'autre part, je reconnais que je suis entièrement indigne d'une si grande grâce. Au moins, ô très pieuse et très douce Dame, recevez avec votre bénignité ordinaire, ce petit ouvrage consacré à Dieu seul en votre honneur, pour une marque des respects que je veux rendre à vos douleurs, pour un témoignage, et de la grande compassion que j'en ai, et de l'amour que je leur désire porter le reste de ma vie. Ah ! je voudrais, de toute l'étendue de mon cœur, du plus intime de mon âme, que toutes les lignes et toutes les paroles qui le composent, fussent autant de voix qui vous criassent de la terre au ciel que je veux prendre la part possible à toutes vos douleurs, aussi bien qu'à toutes vos joies, à tout ce qui vous a affligée, aussi bien qu'à tout ce qui vous a consolée. Je voudrais que ce fussent autant de langues qui bénissent et donnassent des louanges sans fin à la très suradorable Trinité, pour la fermeté inviolable et la constance invincible qu'elle vous a données au milieu de tous les orages et de toutes les tempêtes dont votre cœur a été environné sans être ébranlé. Souffrez, ma glorieuse Dame, ces élans d'amour à mon pauvre cœur en votre aimable présence, et obtenez-moi quelque part, et à ceux qui liront cet ouvrage, à l'amour et à la fidélité que vous avez eus pour les saintes voies de la croix.

Ainsi soit-il.

À SAINT JEAN L'ÉVANGÉLISTE ET AUX BIENHEUREUSES MARIES

SUR LE CALVAIRE.

Saintes personnes du Calvaire, plus heureuses mille fois dans l'abjection de ce lieu, que si le Tout-Puissant vous avait donné place sur les trônes les plus augustes de la terre ; après m'être abîmé aux pieds de notre commune souveraine, la digne Dame de ce mont d'amour et de croix, je me viens prosterner aux vôtres, pour vous présenter cet ouvrage qui ne respire que l'intérêt de Dieu seul dans les saintes voies de ses souffrances.

Aimable favori de Jésus et de Marie, après notre incomparable mère, ce petit livre vous appartient par mille titres d'obligations inconcevables que j'ai à vos amoureuses bontés ; mais il est encore à vous comme au grand disciple de la croix aussi bien que de l'amour ; puisque notre divin Roi vous a fait le très grand honneur, (ô séraphins, soyez-en étonnés !) de vous faire boire au calice que son Père éternel lui avait donné, et qu'il vous a fait un homme de douleur à son imitation. Aussi a-t-il voulu que vous fussiez le fidèle témoin de la consommation de ses douleurs sur la croix, et que dans cet état crucifiant tous les chrétiens fussent élevés en votre aimable personne à la qualité glorieuse d'enfants de sa divine Mère, qui nous a engendrés à Dieu au milieu d'une mer immense de peines qui pénétraient de toutes parts son cœur virginal au pied de la croix. Hélas ! Je ne m'étonne pas si, après cela, vous parliez si volontiers des souffrances, comme vous le fîtes bien paraître à sainte Élisabeth de Hongrie, à laquelle vous faisant voir sensiblement, comme à celle que le ciel avait mise par privilège sous votre particulière conduite, pour toute faveur vous lui fîtes la promesse que les croix ne lui manqueraient point.

Heureuse amante du Fils de Dieu, glorieuse sainte Madeleine, je viens ensuite vous offrir ce petit écrit, comme à celle qui a gardé une fidélité inviolable à la croix de notre bon Maître. Beaucoup d'eaux de toutes sortes de peines et contradictions n'ont pu éteindre les ardeurs de votre précieux cœur tout brûlant d'amour pour l'adorable crucifié, dont il a été tant aimé, et d'une manière capable de ravir les plus sublimes intelligences des cieux, ces esprits du plus pur amour. Ces vues demandent avec justice, que les cœurs des fidèles vous aiment. Grande sainte, le mien veut s'acquitter de l'amour qu'il vous doit, au moins, selon son petit pouvoir : agréez charitablement ce petit témoignage qu'il vous en donne.

Bienheureuses Maries Jacobé et Salomé, je vous offre encore cet ouvrage de la croix avec les soumissions respectueuses et toutes les affections de mon âme. Bien des raisons m'y obligent, mais spécialement la dévotion très ancienne et immémoriale du diocèse d'Évreux pour vos saintes personnes, qui célèbre votre fête dans son étendue le 23 octobre, en fait une solennité de première classe en son église cathédrale, avec des honneurs qui ne sont pas communs, y ayant de plus dans cette église une chapelle particulière consacrée à votre gloire, où les peuples vont faire leurs dévotions et rendre leurs adorations à la très-adorable Trinité, qui vous a élevées, par sa grande bonté et miséricorde, à toute la gloire que vous possédez avec des privilèges si extraordinaires. De plus, plusieurs belles églises dédiées à Dieu sous l'invocation de votre saint nom, dans l'étendue de mon archidiaconé, me sont encore des motifs bien pressants de vous rendre quelques témoignages de mes respects. Mais l'alliance que le ciel vous a donnée avec Marie, mère de Jésus, et par conséquent avec Jésus, fils de Marie, et surtout l'amour constant et fidèle que vous avez fait paraître pour ce Dieu-Homme crucifié, sont encore à mon égard des raisons qui m'engagent indispensablement à donner des marques de la haute estime que j'ai conçue de votre éminente sainteté, et des désirs ardents que je ressens qu'elle soit plus connue et plus aimée. Ah ! Que ne suis-je dans le pouvoir de faire connaître partout vos admirables excellences ! Que ne suis-je dans le pouvoir de les faire aimer à tant de peuples qui les connaissent si peu, et qui en sont si peu touchés ! Oui, ô grandes saintes, si je le pouvais, votre dévotion serait non-seulement la dévotion du diocèse d'Évreux, mais de tous les diocèses. Ô mon Seigneur et mon Dieu, augmentez-la de plus en plus dans les lieux où elle est établie, et donnez-la à ceux qui ne l'ont pas. Rendez-moi digne, selon la multitude de vos grandes miséricordes, de contribuer en quelque chose en votre vertu dans le diocèse d'Évreux, et spécialement dans l'étendue de l'archidiaconé que je tiens, et ne tiens purement que par une faveur extraordinaire de votre sainte Mère, entre les mains de laquelle je l'ai mis, et mets encore entièrement aujourd'hui sous la protection du glorieux saint Taurin, premier apôtre et patron du diocèse d'Évreux (et j'écris ceci par une spéciale providence, le onzième d'août, jour de la fête de ce saint évêque), pour en disposer sans réserve selon votre bon plaisir.

Ô fidèle amant, ô fidèles amantes du Calvaire, recevez donc ce petit témoignage de mon amour et de mes respects, et obtenez-moi la bénédiction de l'adorable Jésus crucifié, et de sa virginale Mère, et à ceux qui liront ces petits traités pour l'honneur et la gloire de la croix de notre Sauveur, qui vit et règne avec le Père et le Saint-Esprit, dans les siècles des siècles.

LIVRE I

1

LA SCIENCE DE LA CROIX EST UN MYSTÈRE CACHÉ

Il n'y point à douter que la science de la croix ne soit un mystère caché, puisque la divine parole nous l'apprend. C'est ce mystère caché, dont parle l'Apôtre aux Éphésiens (VI, 19), et qu'il nous assure, écrivant au peuple de Corinthe (*I Cor.* I, 23), avoir été un scandale aux Juifs et une folie aux Gentils. Chose étrange que ce mystère, le grand chef-d'œuvre de la sagesse d'un Dieu, ait passé pour une folie parmi les nations, et que les plus forts génies et les plus beaux esprits du monde s'en soient moqués ! C'est de la sorte que l'esprit humain, demeurant en soi-même, et ne se servant que de ses propres lumières, comprend les choses divines. Faites-y réflexion, vous qui lisez ces écrits, et apprenez par la faiblesse de la lumière de l'esprit humain, à ne faire état que des clartés de la foi. Mais ce qui est encore bien plus étonnant, c'est de voir que les Juifs n'ont pas connu ce mystère, quoi qu'il se soit accompli devant leurs yeux, et eussent entre leurs mains les Écritures et les prophéties qui l'avaient prédit en tant d'endroits. Bien plus, la Sagesse même incarnée, le révélant à ses disciples, il était toujours pour eux une parole cachée ; ils n'en avaient aucun sentiment : ils avaient même peur d'en avoir plus de connaissance. Le Fils de Dieu leur découvrait ce secret, et il ne laissait pas de leur être voilé par leur peu de disposition, en sorte que leur divin Maître, leur parlant des humiliations de ce mystère profond, l'Évangile nous enseigne que leurs esprits étaient occupés du point d'honneur, et qu'en ce temps-là ils voulaient savoir lequel d'entre eux serait le plus grand. Ô mon Dieu ! Comment ne point voir, étant si proche de la lumière, et d'une lumière infinie ? Comment ne point apprendre sous un tel Maître. Oh ! Quels sujets d'humiliation, ou, pour mieux dire, d'anéantissement à la créature ! Après cela, cessons de nous étonner, si nous voyons encore tous les jours les disciples du même Maître, tant de chrétiens, être dans l'ignorance de ce mystère, quoiqu'ils fassent profession de l'honorer : la raison est qu'ils sont bien éloignés de l'esprit de mort et d'anéantissement, qui rend l'âme disposée à l'intelligence de ce divin secret.

Cette sagesse de l'Évangile n'est point entendue par les sages du siècle, dont la prudence est une mort, selon le témoignage du grand Apôtre, qui déclare nettement *qu'elle est ennemie de Dieu, parce qu'elle n'est, ni ne peut être sujette à la loi.* (Rom. VIII, 7) Paroles qui, bien méditées, doivent donner une grande frayeur et une horreur épouvantable de cette maudite sagesse de la chair, qui n'est qu'une folie aux yeux de Dieu et des saints anges. Grands génies, beaux esprits, qui trouvez parmi les créatures de la terre tant d'estime et d'admiration, apprenez donc que toute votre sagesse n'est qu'une véritable folie : apprenez, ô hommes, le jugement que vous devez faire, et tâchez, avec la grâce, de vous tirer de l'illusion du monde, dont le jugement est directement opposé et entièrement contraire à celui de Dieu. Oh ! quel malheur, et quelle source de malheurs, qui ne finiront jamais ! Mépriser ce que Dieu estime, estimer ce que Dieu méprise ; voilà la maxime des sages du monde. N'est-ce pas pour cela que le grand Apôtre s'écrie : *Que personne ne se trompe : si quelqu'un d'entre vous parait sage, qu'il devienne fou.* (*1 Cor*. III, 18) Pour être sage aux yeux de Dieu, il faut être comme un insensé aux yeux du monde, dont les pensées ne sont que pure vanité, dont la prudence est réprouvée de Dieu. Disons donc ensuite avec le même Apôtre : *Que personne ne se glorifie dans les hommes* (*1 Cor*. III, 21) ; dans leurs sentiments, qui ne sont qu'illusion ; dans leur estime, qui n'est que tromperie ; dans le jugement qu'ils font des choses, qui n'est qu'erreur. Dans un état si déplorable, comment entendraient-ils le mystère caché de la croix ? Non, les mondains n'y comprendront jamais rien, quelque lecture qu'ils fassent, quelque sermon qu'ils entendent.

Les superbes et les suffisants ne l'entendent jamais ; car il est écrit que Dieu leur résiste, qu'il s'éloigne d'eux. Hélas ! Si ceux qui ont approché de plus près la lumière même, la Sagesse incarnée, ne l'entendaient pas avant la venue du Saint-Esprit, comment pourront l'entendre ceux qui sont plongés dans les ténèbres ? L'on a donc beau faire de grandes et longues études, prendre des degrés dans les écoles de philosophie et de théologie, se rendre habile dans les plus hautes sciences, et les enseigner même, si la superbe et la suffisance s'y rencontrent, ces gens seront toujours ignorants de la science de la croix ; et avec toute leur doctrine, ils n'arriveront jamais à en savoir l'*ABC*. Ils sont même entièrement inhabiles pour l'étude de cette science, et tout à fait incapables d'être admis en son école.

Le désir de l'honneur est une opposition formelle à la connaissance de ce mystère, qui ne se donne pas à ceux qui mettent leur joie dans l'estime et l'applaudissement des hommes, et dans l'amitié des créatures, dont ils craignent les rebuts et les contradictions. Les amateurs d'eux-mêmes, qui travaillent à donner de la satisfaction à leur esprit et à leur corps, et qui se recherchent, n'en auront pas l'intelligence. Les mépris et les abaissements de la croix peuvent être très difficilement aperçus parmi l'éclat des honneurs. Comment pourrait-on connaître ses douleurs, et goûter ses souffrances parmi les aises de la vie ? La délicatesse des habits et des lits, la somptuosité des meubles, la bonne chère des tables, sont comme autant de voiles épais qui nous dérobent la vue de la croix. Hélas ! quel rapport de la douceur vaine et trompeuse de la vie du siècle, avec la dureté de ce bois salutaire ? L'empereur Héraclius voulant porter la sainte croix sur laquelle le Fils de Dieu a été crucifié, ne put jamais avancer d'un pas, pendant qu'il demeura vêtu de ses habits royaux ; il fut obligé de prendre un habit simple et pauvre pour avoir cet honneur.

Mais ce qui est bien déplorable, est de voir plusieurs personnes qui font profession de dévotion, qui en parlent, qui la prêchent, et qui cependant sont très peu instruites dans la connaissance de ce mystère. Le grand secret, pour en avoir une véritable lumière, est la pratique, qui est une pratique de pauvreté, de douleur, de mépris, de contradictions, de délaissements, de rebuts, d'ignominies, et comme cette pratique est plus ordinaire aux gens simples, qui sont dans la souffrance et dans la privation de ce que le monde estime, souvent de pauvres idiots, de simples femmelettes, sont bien savants dans cette doctrine, pendant que les doctes n'y connaissent rien. C'est donc de la sorte, ô Père éternel, qu'il vous a plu d'en ordonner. *Vous cachez ces choses aux sages et aux prudents, et vous les révélez aux petits.* (*Matth.* XI, 25) Prenons donc bien garde à marcher toujours dans la simplicité chrétienne, et pour me servir de la comparaison de l'Apôtre, en la *seconde Épître aux Corinthiens*, craignons que nos sens ne soient corrompus, comme Ève a été séduite par la finesse du serpent. *Prenez garde,* dit l'Écriture (*Eccli.* XIII, 16) *à votre ouïe.* Ah ! Qu'il est difficile, n'entendant parler des honneurs, des plaisirs et des biens, qu'avec une grande estime, de ne pas se laisser corrompre par les sentiments du siècle, en prenant ses maximes !

2

S'IL EST À PROPOS D'ÉCRIRE DES VOIES DE LA CROIX

On ne demande pas ici s'il est à propos de parler ou d'écrire en général des voies de la croix, puisqu'il suffit d'être chrétien pour ne pas ignorer que non seulement il est à propos, mais encore qu'il est nécessaire de parler, de penser et de repenser à des voies par lesquelles tous les disciples du Fils de Dieu doivent marcher indispensablement. La difficulté est de savoir s'il est bon de traiter en particulier de certaines voies intérieures crucifiantes, à raison des suites qui en peuvent arriver. Il y a des personnes qui disent qu'on ne doit pas écrire de ces peines, parce que les faibles se les impriment facilement dans l'imagination, par la lecture qu'ils en font ; qu'ils s'en forment des états imaginaires, et se persuadent être dans des sentiers fort élevés ; et que les autres s'en choquent et les méprisent. Cependant la pratique des docteurs et des maîtres de la vie spirituelle est toute contraire au sentiment de ces personnes. Les livres qu'ils ont donnés au public ne laissent aucun lieu de douter de cette vérité. S'il fallait les citer en particulier, il faudrait citer presque tous les grands personnages qui ont écrit des voies mystiques. Nous nous contenterons de rapporter ce que saint Bonaventure en a écrit. Ce saint docteur (*De process. relig.*, cap, 4, 5), écrivant des voies intérieures crucifiantes, dit que, premièrement il arrive une soustraction de dévotion, ensuite un ennui de prier, d'entendre de bonnes choses, d'en parler ou d'en faire, et d'assister aux choses divines. De plus, l'on est tenté d'impatience contre Dieu ; on va jusqu'à se demander pourquoi il est si dur et cette tentation est si violente, que l'homme est presque hors de soi-même. Enfin, dit-il, les plus âpres tentations sont d'hésiter en la foi catholique, de désespérer de la miséricorde de Dieu, de blasphémer, contre lui et ses saints, de vivre dans une certaine perplexité d'une conscience craintive et plaintive, et enfin de n'admettre point de conseil salutaire. Jusqu'ici sont les paroles de ce saint docteur. Je ne dis rien de saint Jérôme et de saint Bernard, qui ont cru glorifier Dieu en laissant à la postérité la connaissance des tentations qu'ils ont portées contre la pureté, et dont ils ont spécifié plusieurs circonstances particulières. Je ne parle point du grand Apôtre, qui a voulu que toute l'Église sût ses peines sur le même sujet. Il n'a pu manquer de conduite en les laissant par écrit, puisque le Saint-Esprit le conduisait en écrivant de la sorte. On ne peut pas blâmer avec justice les Pères de l'Église qui ont traité des peines intérieures, puisque la lumière, la prudence, la charité et l'expérience ne leur ont pas manqué. Les saintes femmes mêmes, et les bienheureuses vierges, qui ont donné des écrits au public, ont traité de ces voies de souffrances ; comme, entre plusieurs, sainte Catherine de Gênes, la bienheureuse Angèle de Foligny, dont les peines extrêmes donnent de grands sentiments de compassion, selon le jugement qu'en fait saint François de Sales. Mais sainte Thérèse, en plusieurs lieux de ses livres, n'a-t-elle pas parlé des peines intérieures ? Le lecteur en pourra voir des témoignages bien forts, que nous rapporterons en plusieurs endroits de ce petit ouvrage. Les auteurs des Vies des Saints n'ont pas fait des difficultés de rapporter leurs sentiments et leurs souffrances. Il ne faut que lire les vies de ces âmes éminentes en sainteté, tant de celles qui ont vécu dans les premiers temps de l'Église et dans la continuation des siècles, que de celles qui ont paru dans les derniers temps. Ne lisons-nous pas qu'un saint Benoît s'est jeté dans les épines, par la violence d'une tentation contre la pureté ; un saint François dans la neige, pressé par la même peine ? Un saint Pierre Célestin s'est trouvé réduit en de grandes angoisses, au sujet de la même tentation. Il y en a eu qui en ont été affligés toute leur vie. L'histoire de saint François de Sales marque ses peines au sujet de son salut ; celle de la vénérable mère de Chantal en fait voir d'extrêmes, qu'elle a portées durant tout le cours de sa vie. L'histoire de saint Ignace nous apprend les tourments que les scrupules lui ont donnés, jusque-là que ce grand saint fut tenté du désespoir. La vie de la bienheureuse Madeleine de Pazzi montre des croix intérieures qui sont terribles. Enfin, les livres des Pères de la vie spirituelle, et les histoires des saints, sont remplies de voies de souffrances.

S'il n'était donc pas à propos d'en écrire, il faudrait condamner les Pères de l'Église, supprimer les livres des docteurs mystiques, et nous ôter l'histoire des vies des saints. Mais, dit-on, plusieurs en abusent. Je réponds que les directeurs doivent veiller à ne pas permettre la lecture des livres qui ne sont pas utiles aux âmes qu'ils conduisent, et qu'un chacun doit prendre garde à ne pas se servir de ce qui ne l'aide pas, ou lui sert d'empêchement dans le chemin de la perfection ; et qu'ainsi il faut faire un choix des livres qui nous sont propres, ne se servant pas indifféremment de toutes sortes de livres spirituels. Mais s'il arrive que quelques-uns n'en fassent pas un bon usage, il ne faut pas, pour l'abus que l'on fait des choses, les condamner ; autrement il faudrait blâmer l'Écriture sainte, dont tant d'hérétiques ont abusé, les livres des pères de l'Église, enfin tout ce qu'il y a de plus saint dans la religion.

Mais pourquoi écrire de ces matières ! Les saints docteurs l'ayant fait, cela suffit pour persuader un esprit raisonnable qu'il est utile et nécessaire d'en écrire et d'en parler. Mais nous pouvons encore dire qu'il est nécessaire d'en traiter pour le besoin de quantité d'âmes qui marchent par ces voies de souffrances, et qui, demeurant dans les petites villes ou dans les villages de la campagne, sont dépourvues de personnes qui leur puissent donner des lumières sur ces états. Il faudrait avoir passé par ces voies de peines pour savoir dans quelles angoisses la pauvre âme qui les souffre est réduite. Mais, avec toutes ces peines extrêmes, que deviendra-t-elle, ne sachant que faire, et souvent étant tentée de désespoir, et s'imaginant déjà être damnée ; et qui pis est, trouvant quelquefois des confesseurs peu éclairés, qui prendront ses tentations pour des péchés, et ne lui serviront qu'à se perdre d'une manière incroyable à ceux qui n'ont pas d'expérience de ces sortes de tourments et de souffrances ! Si on considère bien la qualité de ces peines, qui surpassent tout ce que l'on peut souffrir au dehors, et les suites qui vont jusqu'à l'éternité, et la grande privation de secours, qui est assez ordinaire à ceux qui sont dans ces tristes situations, on demeurera d'accord qu'il y a une nécessité extrême de donner quelque assistance à ces personnes. Un pauvre, qui mourrait de faim, serait dans un état où il y aurait la dernière obligation de le secourir. Mais cet état dont nous parlons, emporte quelque chose de bien plus pressant. Il ne s'agit pas de la vie d'un corps, qu'il faut tôt ou tard perdre ; il est question du salut d'une âme, qui est d'une conséquence infinie. Or l'éclaircissement que l'on donne, par les livres qui traitent des croix intérieures aux personnes qui les portent, les instruit de la bonté de ces états, de l'amour et douceur de la divine Providence qui les envoie, quoiqu'elle paraisse très rigoureuse , leur apprend comment il faut s'y comporter, les fortifie et les encourage ; les soutient au milieu de leurs abattements et des tentations de découragement et de désespoir, et leur fait faire usage de leurs épreuves, ou des châtiments que l'amour et la justice divine exercent sur elles. Plusieurs confesseurs et directeurs, qui ne sont pas assez expérimentés dans ces sentiers, reçoivent beaucoup de lumières par la lecture de ces traités ; et enfin, l'adorable Jésus en est beaucoup glorifié dans ses membres, qui ne lui sont jamais plus unis que lorsqu'ils lui sont plus conformes dans ses croix. La charité donc de Jésus-Christ nous presse de donner ce petit ouvrage pour l'établissement de sa gloire et de celle de sa très-sainte Mère, dans les âmes crucifiées. Le peu d'expérience que j'ai, me fait voir très clairement que ces âmes sont entièrement dignes de compassion, et que parmi les personnes qui souffrent, ce sont elles qui sont les plus affligées. Que ceux qui ne font pas état de leurs croix me pardonnent ; mais je ne puis douter que ce sont des croix terribles. Qu'ils pardonnent à quelque peu de zèle qu'il plaît à Notre-Seigneur et à la sainte

Vierge de me donner pour leur assistance. Quand on est un peu pénétré de la longueur de l'éternité, des tourments de l'enfer, du bonheur du paradis, et surtout de la charité excessive, répétons-le, de la charité excessive d'un Dieu-Homme, mourant sur un gibet, au milieu d'une immensité de douleurs, que l'esprit humain ne peut comprendre, pour l'assistance des âmes, on ne passe pas si légèrement sur leurs besoins ; mais qu'y a-t-il qu'on ne doive faire ? Ô cœur adorable de Jésus, ouvrez-vous ; ô fournaise d'amour, paraissez à vos créatures ; ô charité ineffable, ô miséricorde excessive, faites-vous connaître. C'est à vous, c'est pour vous que j'écris cet ouvrage ; bénissez-le, et en tirez votre gloire et celle de la divine Marie.

3

LA VOIE DE LA CROIX EST LE GRAND CHEMIN ROYAL DE LA BIENHEUREUSE ÉTERNITÉ

Il y a plusieurs voies, ô mon Dieu, qui conduisent à votre bienheureuse jouissance ; il y a plusieurs sentiers qui mènent à votre glorieuse éternité. Mais, ô mon Dieu ! vous avez fait un grand chemin qui y conduit, dans la dernière sûreté. Or, mon âme, ce grand chemin n'est autre que la voie de la sainte croix. Cette voie est le grand chemin royal de tous les élus, parce qu'elle mène à la cité royale du Roi des rois. Elle est le grand chemin royal, parce que c'est par cette voie que marche la grande troupe des saints, la Reine de tous les saints, et le grand Roi du paradis. Elle est le grand chemin royal du salut ; car c'est par elle que les courriers de la bienheureuse éternité portent les douces dépêches de la grâce ; c'est par elle que marchent les grands convois de vivres nécessaires ; c'est par elle que l'on mène toutes les précieuses marchandises du beau paradis. Allons mon âme, jusqu'à l'origine du monde ; descendons ensuite de siècle en siècle jusqu'à nos derniers jours. Considérons avec attention ce qui s'est passé dans la loi de nature, dans la loi écrite, et dans la loi de grâce ; et nous verrons bien clairement que la voie de la croix a toujours été le grand chemin royal des élus.

Si je vois un Abel qui est agréable à Dieu, je vois en même temps un Caïn qui le persécute. Il faut qu'un Abraham soit dans la dernière épreuve par l'ordre qu'on lui donne de sacrifier son fils unique. Job sera réduit sur un fumier, dans un délaissement extrême, méprisé de ses amis, moqué de sa propre femme, et dépouillé de tous ses biens et de ses enfants. Moïse a un Pharaon pour l'exercer ; David a un Absalon son enfant. Elie a une Jésabel. Tobie perd la vue, et est dans le danger de perdre la vie. Saint Jean-Baptiste a un Hérode qui le fera mourir. Tous les apôtres et disciples sont des gens de croix. S'il se rencontre même de petits innocents, la faiblesse de leur âge ne les exemptera pas de ce chemin rigoureux. Parce qu'ils appartiennent particulièrement à Dieu, ils seront tous baignés dans leur sang, et il leur en coûtera la vie, qu'ils ne font presque que de recevoir. En un mot, l'Église chante que tous les saints ont bien souffert. Enfin, mon âme, regarde comme le Roi de tous les saints celui qui est la voie, la vie et le modèle de toutes les âmes qui seront sauvées, marche à pas de géant, ou pour mieux dire, cours dans cette voie, depuis le premier moment de sa divine conception, jusqu'au dernier moment de sa vie. Considérez comme la très-sainte Vierge, sa bénie Mère, lui tient compagnie ; saint Jean l'Évangéliste, son cher favori : sainte Madeleine, sa fidèle amante ; et pour le dire en peu de paroles, tous ceux qu'il a le plus favorisés de son amour. Souvenez-vous, comme l'Écriture l'enseigne (*Apoc.* VII, 14), que ceux qui ont été agréables à Dieu, ont passé par beaucoup de tribulations, qu'ils ont été faits ses amis par ses épreuves.

Grande sûreté donc pour tous ceux qui vont par ce chemin, puisque c'est le grand chemin royal du salut : celui qui y marche, est bien en assurance. Ô âme, qui que tu sois, pourquoi t'affliges-tu dans cette voie de la croix ? Il me semble que j'entends tous les bienheureux, qui savent si bien les routes certaines de la glorieuse éternité, te crier : Ne craignez point, vous êtes bien, vous allez bien, vous tenez le grand chemin royal du ciel. Les voleurs et les homicides n'y sont pas à craindre, car ils fuient devant la croix, avec plus de frayeur et de vitesse, que les hommes ne font devant les canons de la terre et les foudres du ciel.

Il n'en est pas de même dans les voies des consolations temporelles et spirituelles ; nos ennemis invisibles s'y mêlent facilement, s'y cachent, et y sont à couvert ; la chair s'y fortifie, la nature y prend sa vie, l'amour-propre s'y nourrit, l'esprit du monde s'y introduit.

Ces routes de goût même spirituelles, sont bien dangereuses ; car l'on y prend facilement le change. Quoiqu'on y puisse aller à Dieu, et qu'on y aille, on est souvent tout surpris de voir que, sans y penser, on se trouve dans le chemin de la nature, au lieu de la voie de la grâce. Les douceurs sensibles provenant de la grâce, les consolations qui arrivent par les satisfactions que l'on a en cette vie, et qui sont innocentes, sont de petits chemins écartés qui peuvent mener au ciel ; mais ces petits sentiers vont à travers les terres ; de temps en temps on a de la peine à les découvrir, quelquefois ils manquent, et on ne sait où l'on en est. On se trouve toujours embarrassé par mille détours qu'ils obligent de faire. Il faut souvent frapper aux portes, et crier pour demander le chemin, et pour savoir si l'on n'est pas égaré ; sans cesse il faut avoir de l'attention, autrement on s'égare. Mais dans le grand chemin royal de la croix, il ne faut que marcher, il n'y a qu'à suivre ; un aveugle le tiendrait sans s'égarer, y allant au bruit de ceux qui y marchent. C'est une chose inutile que d'y demander des adresses : il n'y a personne de ceux qui en sont instruits qui ne réponde : Vous n'avez que faire de vous mettre en peine, il n'y a qu'à aller tout droit ; vous ne sauriez jamais manquer, à moins que de plein gré vous ne vouliez quitter ce grand chemin de la croix, pour prendre des sentiers de goûts et de consolations.

Au reste il ne faut pas se troubler, si cette voie paraît fâcheuse à la vue ; il est vrai qu'il y a quantité d'eau à passer, mais le fond en est bon, l'on y marche à pied ferme, il n'y a rien à craindre. Celui qui voudrait s'en détourner pour aller plus à l'aise parmi les prairies couvertes de fleurs, où tout est riant, n'irait pas loin sans trouver des fossés qu'il ne pourrait franchir, ou sans enfoncer tout à coup bien avant dans les terres molles, dont il ne se tirerait pas sans grande difficulté. Le plus assuré est de tenir le grand chemin frayé par tous les saints du paradis. Il n'y a point de péril à aller par la voie du Fils de Dieu et de sa très-sainte Mère. Ô mon Sauveur, je vois vos vestiges empreints dans ce chemin, j'y remarque très clairement vos traces ; tirez-nous après vous, et ne permettez jamais que nous nous égarions dans les voies du siècle. Nous vous demandons cette grâce et miséricorde par votre amour et charité excessive, et par le cœur très aimant de votre aimable Mère, par tous vos anges et vos saints. Oh ! que l'aveuglement du monde, qui ne recherche que des voies aisées, est à déplorer ! Mais que le bonheur est grand de ceux qui portent leur croix à la suite d'un Dieu incarné et de sa virginale Mère.

4

QU'IL FAUT NÉCESSAIREMENT MARCHER PAR LA VOIE DE LA CROIX

Il n'y a point à hésiter sur ce que la divine parole nous assure ; c'est pourquoi il faut croire la voie de la croix nécessaire, puisqu'elle nous l'apprend. Tant de sentiers qu'il vous plaira, où l'on goûte des plaisirs innocents, s'ils mènent au ciel, les roses qui y croissent auront toujours leurs épines. Que les dures et pesantes croix fassent le grand chemin royal du paradis, il s'en rencontrera toujours de médiocres ou de petites dans toutes les voies qui y peuvent conduire ; car enfin, c'est un oracle prononcé par le Saint-Esprit même : *Qu'il nous faut par beaucoup de tribulations entrer dans le royaume de Dieu.* (*Act.* XIV, 21) Remarquez que le Saint-Esprit ne nous enseigne pas qu'il est de la bienséance, qu'il est utile, ou qu'il vaut mieux souffrir ; mais il dit très clairement, qu'il le faut. Il faut donc le faire : il n'y a point à délibérer.

De vrai, la qualité de pécheur demande de soi des souffrances ; car Dieu, qui est très juste, ne peut pas laisser le crime impuni : sa justice le châtie, soit en cette vie, soit en l'autre. Mais, comme la béatitude est réservée pour l'autre vie à ses bons serviteurs, il est donc nécessaire que leurs fautes soient châtiées en ce monde ; et d'autre part, à la réserve de la Vierge, toujours immaculée, même dans le premier instant de sa toute sainte conception, tous les hommes ont péché : donc tous les hommes doivent porter des croix.

Mais la qualité de chrétien ne permet pas que l'on soit exempt des souffrances ; car s'il a fallu que l'adorable Jésus, le chef de tous les fidèles, qui ne font qu'un corps mystique avec lui, ait souffert pour entrer dans la gloire, comme la divine parole nous l'assure, à plus forte raison les membres doivent être affligés. Dans le corps naturel, si la tête fait mal, ou le cœur, tout le reste des membres est dans la peine. L'on n'est point à son aise, quand ces principales parties sont dans la douleur. Mais quelle apparence que le roi n'entre dans son royaume, qui lui appartient de droit, qu'à force de plaies ; et que l'esclave des démons à qui l'enfer est dû, le possède sans qu'il lui en coûte rien ! Retenez bien les paroles de l'Écriture, disait notre bon Sauveur à sainte Thérèse : *Le serviteur n'est pas au-dessus du Maître.* (Matth. X, 24) C'est une vérité tout à fait sensible ; mais, hélas ! pourquoi n'en faisons-nous pas l'application ? *Où je suis*, disait encore notre Maître, *mon serviteur y sera* (Joan XIV, 3). Il est bien juste : et quel moyen de faire autrement, puisque nous avons encore le très grand honneur, honneur inconcevable, d'être ses membres ? Comment le chef ira-t-il d'un côté, et les membres de l'autre ? Vous voyez bien, vous qui lisez ceci, que cela est impossible, à moins que les membres ne se séparent de leur chef : en ce cas, ce seront des membres sans vie, morts et pourris, qui ne seront plus propres qu'à être jetés dans les feux de l'enfer. Disons ici, faisant réflexion sur cette vérité : Hélas ! À quoi pensons-nous, quand nous pensons à ne pas souffrir ? C'est vouloir l'impossible, et voilà la plus haute folie du monde. Oh ! que c'est donc avec grande justice que notre maître s'écrie en saint Luc : *Celui qui ne porte pas sa croix après moi ne peut pas être mon disciple.* (*Luc.* XIV, 27). Pesez bien ces paroles : *ne peut pas être*. Il ne dit pas : Il aura de la difficulté à l'être, mais il ne le peut.

Voilà donc le grand sujet de la doctrine de la croix, que Notre-Seigneur prêchait à tous les peuples. Il ne leur découvrait pas tous les mystères du règne de Dieu, et quoiqu'il en donnât la connaissance à ses disciples, comme il le témoigne, il y avait cependant plusieurs choses, comme il assure, qu'il ne leur disait pas, parce qu'ils n'y étaient pas encore disposés. Mais, pour la doctrine de la croix, il la prêchait autrement, sans aucune remise et sans aucun retardement. Ô prudence humaine, que deviens-tu ici ? Ne semblait-il pas qu'il fallait attendre que ce peuple grossier, à qui notre bon Sauveur parlait, fût plus disposé ? Si ce divin Maître réservait de certaines choses à dire, même à ses disciples, après la venue du Saint-Esprit, y avait-il rien en apparence qui ne méritât plus qu'une doctrine si sévère, et en ce temps presque inouïe, et à l'égard d'un peuple tout charnel ? D'autant plus que ce peuple, au lieu d'en faire un bon usage, s'en scandalisait, en murmurait jusque-là que quelques-uns voulurent précipiter du haut d'une montagne ce divin Naître qui l'enseignait, et ses proches le voulurent garrotter, disant que c'était un furieux. Pourquoi prêcher une doctrine qui a de telles suites ? Cependant il en parlait tout haut publiquement et à découvert, et il disait à tous : *Si quelqu'un veut venir après moi, qu'il porte sa croix.* (*Matth.* XVI, 24) Il le disait à tous, à ses disciples et aux peuples les plus grossiers ; et il en parle si généralement qu'il n'y met aucune exception. Si quelqu'un veut venir après moi, c'est-à-dire qui que vous soyez, riche ou pauvre, savant ou ignorant, grand ou petit ; fussiez-vous général d'armée, prince, roi ou empereur ; de quelque qualité et condition que vous puissiez être, de quelque âge, soit jeune ou vieux ; de quelque sexe, soit homme ou femme ; de quelque état, soit dans le siècle, soit hors du siècle ; si quelqu'un d'entre vous veut venir après moi, qu'il porte sa croix, il faut se résoudre à la souffrance. C'est pour cela que l'Évangile nous apprend que ses miracles faisant un grand éclat, et remplissant d'étonnement et d'admiration ceux qui les voyaient, il en désoccupait ses disciples, et leur recommandait de mettre bien avant dans leurs cœurs les discours qu'il leur faisait de sa mort et passion, dont il les entretenait dans le temps de ses actions les plus miraculeuses ; pour leur marquer que ce n'étaient pas les consolations qui nous doivent arrêter en cette vie, mais bien les peines et les travaux.

Que dites-vous donc, ô chrétien, quand vous vous plaignez de vos peines ? Faites-vous bien réflexion à la qualité que vous prenez ? Être chrétien, et être crucifié, c'est une même chose. Si vous renoncez aux souffrances, il faut renoncer au christianisme. En vérité, encore une fois, savez-vous bien ce que vous faites, quand vous parlez de ne point souffrir ? Est-ce que vous voulez quitter la religion chrétienne, renier votre baptême, et n'être plus des disciples de Jésus-Christ ? Or, si vous voulez en être, attendez-vous à des peines, soit d'esprit, soit de corps ; soit de la part des hommes, dont les contradictions ne manquent pas ; soit de la part de l'enfer, qui vous combattra toujours ; soit de la part de la nature corrompue, de vos inclinations, de vos passions et de vos humeurs. Souvenez-vous bien de ce que l'Église chante, que la croix est notre unique espérance. Il n'y a rien à espérer que par cette voie.

5

QUE LE BONHEUR DU CHRÉTIEN CONSISTE À SOUFFRIR EN CE MONDE

Réponse à quelques difficultés que l'on objecte sur ce sujet

Si la voie de la croix est nécessaire au salut, quel plus grand bonheur que d'y être ! Et au contraire, y a-t-il malheur comparable à celui de n'y pas être ? Mais si c'est le grand chemin royal, comme il a été montré, n'est-ce pas un grand bonheur que d'y marcher en assurance ? C'est pourquoi, comme nous le dirons, la croix est la véritable marque de la prédestination ; et de vrai, les membres sont sauvés par la conformité qu'ils ont avec leur chef. Disons de plus, n'est-ce pas un bien tout extraordinaire de se voir dans la souffrance, puisque dans le sentiment des saints, il n'y a pas de gloire comparable à celle des croix ? La voie de la croix est le grand et véritable moyen qui, dans la séparation qu'il porte à des créatures, nous unit à Dieu, et n'est-ce pas dans cette union que se trouve le bien des biens, et le souverain bien ? Ô mon âme, quel bonheur que celui des souffrances ! Elles sont, disait une sainte âme, nos pères et nos mères, qui nous ont engendrés sur le Calvaire. Ceux qui ne les reçoivent pas ressemblent à ceux qui chassent leur père et mère de la maison. Sainte Thérèse assure que c'est une rêverie de penser que Notre-Seigneur reçoive qui que ce soit en son amitié, sans le mettre à l'épreuve par des peines ; et son grand directeur, le vénérable père Balthazar Alvarez, parlant sur ce sujet, disait : « Si le supérieur d'une maison était le premier à l'oraison du matin, et aux autres exercices, et que les autres demeurassent au lit, sans doute que cela le fâcherait ; à plus forte raison, Notre-Seigneur, étant ce qu'il est, et se voyant le premier à la croix, ne sera pas content, si on ne veut pas lui tenir compagnie. »

Disons encore que le bonheur des souffrances est extrême ; puisque celui qui a la croix a tout. Elle purifie, et satisfait ; elle délivre, et sauve ; elle embellit, et orne ; elle enrichit, et ennoblit. Elle est utile aux bons et aux vicieux, parce qu'elle fait avancer à la vertu les uns, et qu'elle purifie les autres de leurs fautes, et leur en obtient le pardon. Il faut encore dire, ce que l'on ne peut assez répéter, que ceux qui sont sauvés ne sont sanctifiés que par la même grâce qui est en Jésus ; autrement l'esprit de Jésus serait contraire à lui-même, et tout autre dans le chef que dans les membres. Or, la grâce de Jésus est une grâce qui cloue et qui attache à la croix. L'esprit de la croix est l'esprit de notre esprit ; il est la vie de notre vie. Ceux qui souffrent davantage, dit un serviteur de Dieu, accomplissent plus ce qui manque à la passion du Fils de Dieu, car il lui manque que le fruit en soit appliqué : l'application d'une grâce qui prend sa source dans les souffrances, se fait beaucoup mieux par les croix, que par une autre voie.

Sainte Thérèse assurait que Notre-Seigneur envoyait plus de croix à ceux qu'il aimait plus spécialement ; elle avait appris cette doctrine de la bouche du même Fils de Dieu, qui lui avait dit : mon Père envoie de plus grands travaux à ceux qu'il aime davantage. Il ne faut que savoir ce qui s'est passé dans la religion chrétienne, pour être entièrement persuadé de cette vérité. Jamais personne n'a été plus aimé du Père éternel, que le divin Jésus ; et, jamais personne n'a tant souffert. Après Jésus, la très-sainte Vierge surpasse toutes les créatures en grâces, et en même temps elle les surpasse en peines. La mesure donc de notre bonheur se doit prendre de la mesure de nos croix. Heureux celui qui souffre, plus heureux celui qui souffre davantage, très heureux celui qui est accablé de toutes sortes de peines, qui ne vit que de croix, qui y passe toute sa vie à l'imitation de notre bon Sauveur et de sa sainte mère, et enfin qui y expire !

Mais c'est une vérité de foi, que la béatitude de cette vie consiste dans les larmes. *Bienheureux ceux qui pleurent* (*Matth.* V, 5) dit la vérité même. Or, par les larmes, sont entendus tous les sujets d'affliction qui nous peuvent arriver, qui sont capables de toucher et de tirer des larmes : et notre divin Maître voulant en expliquer quelque chose plus en particulier, déclare à ses apôtres, qu'ils seront bienheureux lorsqu'ils seront maudits, et même que l'on en dira faussement toute sorte de mal, lorsqu'ils seront haïs, rebutés, chassés, et que leur réputation sera perdue. C'est pourquoi le Saint-Esprit prononce cet oracle dans les Écritures : *Voici que nous béatifions ceux qui ont été dans les souffrances* (*Jac.* V, 11) ; et il apporte le témoignage des deux Testaments de la loi ancienne et de la nouvelle, par les exemples de Job et de l'adorable Jésus, pour ôter tous les doutes que l'on pourrait se former sur ce sujet. De là vient que le grand Apôtre, instruisant les fidèles leur apprend qu'outre le don de la foi, le don des croix leur a été de plus accordé. Ce qui mérite bien d'être pesé avec beaucoup d'attention, pour en concevoir l'estime que l'on doit en avoir : car enfin, c'est un grand don de Dieu que celui des peines. Aussi la très-sainte vierge a révélé à une sainte âme, qui a souffert des peines dont l'on ne trouve point de semblables dans toutes les vies des saints, qu'elle avait employé tout son crédit pour les lui obtenir ; et pour ce sujet elle lui fait faire beaucoup de pèlerinages très pénibles, des jeûnes extraordinaires et quantité d'autres mortifications. On rapporte de la même sainte personne, que, priant Notre-Seigneur pour un pauvre marchand fort tourmenté de soldats qui étaient logés chez lui, ce bon Sauveur lui dit que ce marchand était bien obligé à ses soldats, c'était parce qu'ils servaient d'instrument à la divine Providence pour le faire souffrir. Mais l'esprit humain, poussé d'un secret amour-propre, ne manque pas de raisonnements pour opposer à cette doctrine de la croix. Quel plaisir, dira-t-il, Dieu peut-il prendre dans ces voies de souffrances ? Quel bien en tire-t-il pour les âmes, ou quelle gloire pour son saint nom ? Certainement, Dieu, de soi-même, est toute bonté ? son plaisir est d'en faire, et de combler de biens ses chères créatures. Son dessein, quand il a créé l'homme, n'a pas été de lui faire porter des peines, mais de lui faire mener une vie bienheureuse en ce monde et en l'autre. Cela est vrai, à ne regarder que le premier état de choses ; mais l'homme s'étant dépravé et, corrompu par le péché, il s'est de lui-même engagé à la peine qui lui est nécessaire pour le tirer de sa corruption, et le rétablir dans un état de salut. C'est pourquoi Dieu lui envoie des souffrances, comme un bon père qui fait prendre des médecines amères à son enfant malade, qui lui est bien cher ! Hélas, son plaisir serait de ne pas donner cette peine à son enfant : mais supposez sa maladie, il y est obligé ; et c'est son amour qui le presse d'en user de la sorte. Il est aisé de voir ensuite le bien qu'il en arrive aux âmes, et la gloire que Dieu tout bon en tire, puisque le salut éternel s'y opère. Ô quel bonheur ! Ô le bonheur ! Ô le souverain bonheur ! Plusieurs des chapitres de ce petit ouvrage, donneront assez de lumière sur cette vérité.

Cela est difficile à comprendre, dira quelqu'un. Voici ce que le grand prélat répond à cette difficulté au chapitre XVI de la *Lutte spirituelle* : « Ceci vous semblera difficile à croire, dit ce grand homme ; mais si vous vous souvenez que les rameurs en leur assiette, tournent leurs épaules au lieu où ils conduisent leur barque, vous ne trouverez pas étrange que Dieu, par l'eau et le feu de la tribulation, vous fasse tendre au rafraîchissement. » Et au chapitre VI du même livre : « Qui ne sait que les arbres, plus battus des vents, jettent de plus profondes racines ; que l'encens ne jette son odeur que quand il est brûlé ; que la vigne ne profite que quand elle est taillée ? » Pourquoi tant de fléaux, tant de pauvretés, de pestes, de famines, de guerres, et d'autres misères, si ce n'est pour le bien des élus ? Le Fils de Dieu n'a-t-il pas mis la consommation de notre salut dans la consommation de ses souffrances, et le délaissement même du Père éternel ?

Mais les souffrances, répliquera-t-on, ne sont pas la fin des états spirituels. Il est bien vrai ; mais ce sont les moyens qui y conduisent. Voulez-vous, sous prétexte que ce ne sont que des moyens, ne vous en pas servir ? Rome est le terme qu'un homme se propose dans le dessein qu'il prend d'aller en cette première ville du monde ; tous les villages, bourgs et villes qui y mènent, ne sont que des moyens par où il faut passer : cependant il est nécessaire de passer par ces moyens, autrement on n'y arrivera jamais. Or, pendant que nous sommes en cette vie, nous sommes toujours dans la voie ; nous n'arriverons parfaitement et entièrement à notre fin, qu'après la mort ; et en ce monde il y a toujours à combattre : ce qui ne se fait pas sans peine. De là vient que l'Écriture nous enseigne que la vie de l'homme sur la terre, est un combat ou milice (*Job* VII, 1) ; et le Fils de Dieu donne pour partage, en cette vie présente, les pleurs et les larmes à ses disciples.

On répartira encore que, dès cette vie même, les états les plus crucifiants conduisent à la jouissance de Dieu. J'en demeure d'accord ; mais cette jouissance, comme l'enseigne très bien saint Augustin, n'est pas sur la terre en sa totale perfection : c'est pourquoi elle n'est pas exempte de croix, qui sont données toujours en ce monde, ou pour purifier l'âme de plus en plus, ou pour l'embellir, l'orner et l'enrichir davantage. De quelque côté que vous preniez la chose, vous verrez le besoin des croix, puisqu'il y a toujours à purifier ou à perfectionner de plus en plus. Cela est clair, quant à ce qui touche la perfection dans les peines de la très-sainte Vierge. J'avoue qu'il y a de certains états de croix qui ne durent pas toujours, de certaines peines qui ne sont que pour de certains temps, et de certaines dispositions de quelques états intérieurs. Dieu est le Maître, il sait les appliquer, selon sa très grande sagesse, aux uns plus, aux autres moins. J'avoue qu'il y a de certaines âmes qui souffrent, par la divine grâce, avec tant de vigueur qu'elles semblent ne pas souffrir en souffrant. Nous dirons dans la suite de cet ouvrage que les voies des croix sont différentes : cependant ce sont des croix.

Tout ce qu'il y a à faire dans les voies divines, est d'y être en la manière que Dieu veut. Ce n'est pas à nous à nous faire nos croix, nous n'avons qu'à les recevoir de la main de Dieu, ou grandes ou petites, ou pesantes ou légères, selon qu'il lui plaira en disposer. Seulement il faut prendre garde à une illusion de quelques spirituels, qui, sous prétexte de jouissance de Dieu, veulent nous introduire dès cette vie, dans un état tout de consolations et de joies, et ne parlent de souffrances que comme des choses qui ne sont que pour un certain temps. Je l'ai déjà dit, je demeure d'accord qu'il y a quelques voies crucifiantes qui ne sont pas pour toujours ; mais cette règle n'est pas générale, comme il paraît par l'exemple de plusieurs saints, qui ont porté des peines intérieures étranges durant tout le cours de leur vie. Par exemple, un saint Hugues, qui en a été tourmenté jusqu'à la mort ; et dans nos derniers temps, le saint homme le père Jean de Jésus Maria, général des Carmes déchaussés, qui témoignait en mourant n'en être pas quitte ; comme aussi la vénérable mère de Chantal, qui paraissait, en sa dernière maladie, n'en être pas délivrée.

Il y en a que Dieu conduit par une voie mêlée de souffrances et de consolations. Ce qui fait dire à un serviteur de Dieu ces paroles : « Comme l'orfèvre retire de temps en temps son ouvrage du feu, le travaille, et regarde s'il est parfait, et n'étant pas encore achevé, il le rejette en la fournaise ; de même quelquefois Dieu retire l'âme des travaux, lui donne quelques consolations ; mais, n'étant pas encore bien purgée, elle est rejetée dans ses peines. »

Dieu est toujours infiniment adorable et aimable en ses conduites. Il est le maître souverain qui fait bien tout ce qu'il fait. Ce n'est point à la nature à les examiner ; son droit est de s'y soumettre en aveugle, avec une entière soumission et un très grand amour. Toujours est-il très vrai que les croix nous sont bonnes, en quelque état que nous puissions être. Premièrement, pour satisfaire à la justice divine en l'union des satisfactions de notre bon Sauveur. Hélas ! nous avons mérité de souffrir à jamais dans l'enfer, pour nos péchés ; nous avons mérité d'être privés de la présence de Dieu, et de toute consolation pour un jamais : avons-nous donc sujet de nous étonner si nous portons des peines et des privations durant le cours d'une vie qui passe sitôt. Secondement, nous en avons toujours besoin pour être purgés de nos imperfections. Nous l'avons déjà dit, il y a toujours en cette vie quelque chose à purifier : les saints tombent dans quelques imperfections, et il est assuré que la moindre empêche l'entrée du ciel. C'est pourquoi on rapporte de quelques saintes âmes, admirables en leurs vertus, qui ont même passé par des états intérieurs de très grandes croix, qu'elles n'ont pas laissé d'aller en purgatoire. Toute notre vie, disait saint François de Sales, n'est qu'un noviciat, nous ne ferons la profession d'une entière et totale profession qu'après la mort. En troisième lieu, les croix sont nécessaires pour nous humilier. C'est le sentiment de saint Grégoire, qui enseigne que celui qui est plus ravi en contemplation est plus travaillé de tentations. L'exemple de saint Paul est un témoignage indubitable de cette vérité. C'est ce qui fait, selon la doctrine du même Père, que souvent on trouve une plus grande douleur, en cela même qu'on bâtit pour le repos. D'où vient que le Prophète a bien dit : *Vous lui avez renversé son lit dans son infirmité* (*Psal.* XL, 4) ; comme s'il disait : Tout ce que quelqu'un s'est préparé pour le repos, vous lui avez changé cela en trouble. En quatrième lieu, les croix sont toujours avantageuses, parce qu'elles servent à l'augmentation de la grâce, de l'amour de Dieu, du mérite et de la gloire. De là vient que Notre-Seigneur en a fait si bonne part aux âmes sur lesquelles il avait de grands desseins. C'est ainsi, dit sainte Thérèse, qu'il s'est comporté avec ses saints, qu'il a chargés de peines après leur avoir départi ses grâces, et un don sublime d'oraison. Il est rapporté de la sainte mère de Chantal, que notre Sauveur récompensa ses peines par de nouveaux supplices. En cinquième lieu, la conformité des membres avec leur chef, demande d'être crucifiés avec lui, avec celui qui n'a pas été un moment sans douleur, et qui, dans le temps même de la communication de la gloire à son saint corps sur le Thabor, en avait l'esprit occupé, et s'entretenait de sa douloureuse passion. Le glorieux saint Ignace, fondateur de la Compagnie de Jésus, pénétré de cette vérité, assurait que, quand la gloire de Dieu serait égale dans la consolation et dans la souffrance, il aimerait toujours mieux la souffrance, parce qu'elle donne plus de rapport à notre divin Maître. Oh ! que c'est une chose honteuse, s'écriait saint Bernard, devoir un membre dans la délicatesse sous un chef couronné d'épines !

Quelqu'un objectera ici ces paroles de notre Sauveur : *Venez à moi, vous tous qui travaillez et qui êtes chargés de chaînes, et je vous soulagerai.* (Matth. XI, 28) Il est certain que Dieu, fidèle en ses promesses, soulagera tous ses disciples : mais comment ? Il les soulagera par le repos éternel qu'il donnera en l'autre vie ; il les soulagera en la vie présente par la force qu'il leur donnera à porter leur croix, ce qui est commun à tous ceux qui souffrent, car quoique le don de force ne soit pas égal, sa grâce est abondante dans toutes les âmes crucifiées. Il les soulagera quelquefois par des consolations sensibles ; mais c'est ce qui n'arrive pas à tous. Il les soulagera encore par la délivrance de certaines peines ; mais ce que l'on doit remarquer, est que, par ces paroles, on ne doit pas entendre ordinairement ni un soulagement sensible, ni la délivrance totale des peines ; autrement comment accorder cette vérité avec l'état public de tant de saintes âmes qui ont eu recours à Jésus-Christ, et qui ont toujours été dans la peine ?

On objectera encore ces paroles de l'Apôtre : *Réjouissez-vous tous au Seigneur* (*Philip*. IV, 4) ; et on en conclura que le bonheur est donc dans la joie. Mais il est facile de répondre à cette objection : car ou l'Apôtre entend parler d'une joie sensible, ou d'une joie qui réside en la cime de l'âme, et qui est bien souvent imperceptible. De dire qu'il veut parler d'une joie sensible, c'est ce qui ne se peut pas : car ce serait aller contre toute expérience, contre tout ce qui se lit dans la Vie des saints, contre toute la doctrine des Pères de l'Église et des maîtres de la vie spirituelle, et contre l'autorité même de l'Écriture en la bouche du même Apôtre, que l'on ferait tomber dans une contradiction manifeste ; puisqu'il assure qu'il a souffert outre mesure, et non seulement extérieurement, mais qu'il a été dans les angoisses d'esprit, jusque-là même que quelquefois la vie lui était à charge ; et cela, non seulement par le désir qu'il avait de voir Jésus-Christ, mais encore par la grandeur de ses peines, qui lui faisait dire qu'il était ennuyé de vivre. Donc il est manifeste que cette joie continuelle dont il parle, ne peut s'entendre de la joie sensible, qui n'est pas toujours permanente en ce monde-ci. Il parle donc d'une joie qui réside en la cime de l'âme, qui vient d'une abondance de paix qui donne la parfaite conformité avec la volonté divine ; car l'âme ne voulant que ce que Dieu veut, est toujours contente en tout ce qui lui arrive. Or, cette paix ou cette joie est si souvent cachée, que non seulement les sens n'y ont aucune part, mais encore la partie raisonnable inférieure. Nous avons parlé suffisamment dans notre livre *Du règne de Dieu en l'oraison mentale*, de la différence de la partie inférieure raisonnable, d'avec la suprême partie de l'âme ; ce qu'il est assez nécessaire de savoir, plusieurs savants même les confondant, et entendant par la partie inférieure, la sensitive et animale. L'exemple de notre Sauveur éclaircit entièrement la chose, puisque son âme était affligée d'une tristesse mortelle, en même temps qu'elle jouissait de la gloire. Or, dit saint François de Sales, cette tristesse ayant porté ce bon Sauveur à demander à son Père que ce calice amer passât loin de lui, s'il était possible, et ayant ajouté qu'il n'en allât pas comme il voulait, mais selon la volonté de son Père, il est évident que Notre-Seigneur n'était pas seulement affligé dans sa partie sensitive qui n'a point de volonté, mais encore dans la partie inférieure raisonnable. Jésus jouissait donc d'une joie inénarrable dans la suprême partie de son âme, en même temps qu'il souffrait les tourments les plus grands qui furent jamais. Ce qui marque bien que la joie dans la cime de l'âme peut s'allier avec tous les états intérieurs les plus pénibles. Et dans le temps que notre bon Maître était si délaissé de son Père qu'il s'en plaignit publiquement, n'est-il pas vrai que la gloire de son âme était égale et qu'elle possédait la joie de la vision béatifique ! Il faut donc dire que la joie continuelle à laquelle l'Apôtre exhorte n'est autre que celle qui réside en la suprême partie de l'âme, par une entière conformité à la volonté divine ; joie qui souvent est imperceptible, qui n'est nullement aperçue, ainsi qui laisse l'âme dans la désolation, qui ne sait en plusieurs états si elle est résignée au bon plaisir divin, qui ne connaît pas ce qui se passe dans son fond, tout cet acte réfléchi lui étant ôté. Cette joie était véritablement dans ces saintes âmes qui ont souffert des peines d'esprit jusqu'à la mort ; mais comme elle n'était nullement aperçue, elle n'en recevait aucune consolation.

Mais, ajoutera-t-on, plusieurs se forment des états imaginaires des peines surnaturelles, ou se causant des souffrances par leur imprudence et par leur faute. Il est aisé de répondre que ces abus ou fautes sont à éviter, que nous ne les approuvons pas ; mais les abus qui se rencontrent dans les états les plus saints, ou les fautes que l'on y commet, n'ôtent pas la perfection et l'excellence de ces états. Pour ce qui regarde les abus, il les faut détruire avec la grâce de Notre-Seigneur. À l'égard des fautes, on en doit avoir regret et cependant en porter les peines avec patience, en en faisant un saint usage. Toutes les âmes qui sont en purgatoire y sont pour leurs fautes et leurs péchés ; ce sont des peines qu'elles se sont procurées d'elles-mêmes par leurs offenses : cela n'empêche pas que ce ne leur soit un très grand bonheur d'y être purifiées pour jouir de la vision de Dieu.

On ajoutera que les consolations sont bonnes et que les lumières sensibles sont des dons de Dieu. Tout cela est vrai ; mais aussi il est sûr qu'elles sont dangereuses à raison de la nature. On ne pourrait pas nier sans erreur que les biens naturels ne soient bons, comme par exemple l'or et l'argent, les terres, les vignes et choses semblables, qui sont les richesses de la vie présente ; que ce soient des dons de Dieu, et avec cela le Fils de Dieu s'est déclaré bien nettement au sujet de ces biens, et a prononcé : Malheureux ceux qui les possèdent, à raison du danger qui s'y trouve ; il a mis le bonheur dans la souffrance de la pauvreté, qui en prive. Appliquez ceci aux consolations spirituelles, qui sont les richesses dont l'amour-propre s'entretient. Nous ne disons pas que ce soit chose mauvaise que ces consolations ; nous disons même qu'elles sont utiles et nécessaires à quelques âmes pour les aider dans leurs faiblesses : nous avouons que Dieu les donne quelquefois à de très grands saints : que ceux qui en ont les doivent recevoir avec action de grâces, comme les personnes riches leurs biens temporels, et en faire un saint usage, sans s'y attacher.

Mais, à dire vrai, le bonheur de la vie présente consiste plutôt dans leur privation que dans leur jouissance. Premièrement, comme il a été dit, à raison du danger de l'amour-propre qui s'y glisse facilement. Notre-Seigneur parlant à une sainte âme, lui dit qu'il le fallait bien plus remercier pour les afflictions que pour les consolations, parce que les consolations enivraient de vanité et d'orgueil ; que, pour mille qui se perdent dans les afflictions, dix mille périssent dans les consolations sensibles, qui sont la pâture de l'amour-propre. Secondement, le diable souvent s'y mêle. Une femme avait des consolations si grandes qu'elle en était toute transportée et était obligée de dire qu'elle n'en pouvait plus : la sainte Vierge révéla que c'était le diable qui les lui donnait, et dit que quand l'âme s'épanouit par ces voies, le démon s'en approche et lui brouille l'esprit de plusieurs pensées et affections qui viennent de l'amour-propre. En troisième lieu, c'est un retardement à la perfection. Il en arrive à peu près dans ces voies sensibles, comme à un voyageur qui, ayant bien du chemin à faire, au lieu d'aller tout droit, s'amuse à la rencontre des belles maisons et des beaux jardins que la curiosité presse de voir. Il n'en est pas de même de celui qui ne trouve en son voyage que des lieux désagréables et fâcheux ; il marche sans aucun retardement, et n'est-il pas vrai qu'il arrive plus tôt au lieu où il va, et où il a affaire ? En quatrième lieu, il y a plus d'amour de Dieu, généralement parlant, dans la privation des goûts et lumières sensibles, car il y a moins de créatures. Nous en avons traité plus amplement en notre livre *Du règne de Dieu en l'oraison mentale*. Disons seulement ici ce qu'assurait sainte Catherine de Gênes, sur ce sujet : Un moyen qui me plaît davantage, disait cette sainte, est quand Dieu donne à l'homme un esprit occupé en grande peine et affliction, de telle manière que la partie propre ne peut se repaître ; il est nécessaire qu'elle se consomme. Dans les consolations, les créatures se mettent entre Dieu et nous ; dans les afflictions Dieu se met entre nous et les créatures pour nous en séparer. Notre-Seigneur a dit à une sainte âme, que les prières lui étaient plus agréables lorsqu'on les faisait dans la sécheresse, la peine, la douleur et la répugnance. Mais enfin l'Écriture ne nous dit-elle pas que saint Pierre ne savait ce qu'il disait quand il disait qu'il était bon de demeurer dans la consolation du Thabor ? Cependant les divines lumières qui y paraissaient, les douceurs que l'on y goûtait, étaient très bonnes et très excellentes, puisque c'était un rejaillissement des lumières et des torrents de la gloire du paradis et de la gloire du Sauveur même.

Après tout, l'adorable Jésus est le véritable exemplaire de tous les élus, et sa divine vie, la règle de la vie de tous ceux qui seront sauvés. Jetant donc les yeux sur ce modèle adorable, nous n'y verrons que croix : croit extérieures terribles, croix intérieures extrêmes. Toute sa sainte vie s'est passée dans la douleur ; car il souffrait actuellement des peines extérieures, ou son esprit en était affligé par la vue très présente qu'il en avait, et cela avec tant de fidélité pour la croix que sur le Thabor même, la gloire faisant un déluge de joie de toutes ses facultés, tant inférieures que supérieures, qui portaient leurs effets jusque sur ses vêtements, au lieu d'y arrêter son esprit, il en détournait ses pensées pour ne songer qu'aux tourments de sa passion, et pour nous enseigner fortement que les joies sensibles ne sont pas propres pour cette vie : vous diriez qu'il veut étouffer dans l'esprit de ses disciples la vue de la gloire qu'il leur avait montrée, ne les entretenant ensuite que des souffrances ignominieuses de sa croix. Enfin cette proposition du grand Apôtre est générale : *Jésus-Christ n'a point pris de satisfaction en lui-même.* (*Rom.* XV, 3) Cette proposition est si universelle, dit le révérend père Louis Chardon, Dominicain, en son excellent livre de *La croix de Jésus*, ouvrage qui ne peut être assez loué, qu'elle comprend son entendement, son esprit, son jugement, sa mémoire, ses richesses et les trésors de la science, qui ne l'ont jamais satisfait. Elle comprend encore la complaisance qu'il pouvait tirer de l'union ineffable de son âme sainte avec une personne divine. Quelle pensée plus pressante pour être transporté de joie. Après tout cela la joie inénarrable qu'il devait recevoir de la vision béatifique est refusée pour donner la préférence à la pensée de la confusion de la croix qui s'empare d'une partie de son esprit. Mais en mourant, remarque le même auteur, son amour pour la croix ne meurt pas. Son côté sera ouvert par un coup de lance : il veut que la divine Eucharistie soit une représentation continuelle de sa passion ; et parce que le sacrifice doit finir avec le monde, il réserve ses plaies pour l'éternité ; plaies capables non seulement de recevoir les doigts, mais encore les mains de ses apôtres, pour nous marquer que ses inclinations à la croix ne peuvent finir.

Je sais que quelques-uns disent qu'il était nécessaire que l'adorable Jésus fût ainsi crucifié, parce qu'il était le Sauveur des hommes, et qu'il était venu satisfaire pour leurs péchés. Mais, ô mon Dieu ! Que l'esprit de l'homme est bizarre et peu raisonnable dans ses pensées ! S'il a été nécessaire que celui qui est l'innocence même ait souffert, le criminel doit-il mener une vie délicieuse ? Si ce Fils bien-aimé du Père éternel, tout Dieu qu'il était, pour avoir pris l'apparence du pécheur et s'être présenté en son nom à son Père, a été accablé sous les torrents de sa colère, et en a porté des déluges de souffrances, l'esclave du démon, qui ne mérite que la colère de Dieu et l'enfer, doit-il être exempt de peines ? Ô l'étrange et inconcevable raisonnement ! Il faut que le Maître, le Seigneur, le Fils, le Roi, et Dieu même souffre ; mais pour l'esclave, le sujet, la créature, le néant, et le pécheur qui est au-dessous du néant, ce n'est pas là son affaire : la joie et la douleur de la vie, voilà son partage.

Je demande de plus à ces personnes, si la croix n'était pas la grande grâce de la vie présente, d'où vient que le Fils de Dieu a tant souffert, et souffert jusque-là que la vie lui était à charge, comme il est rapporté en saint Marc, au chapitre XIV, puisque la moindre de ses peines était suffisante pour satisfaire pour des millions de mondes ? Cette surabondance de croix nous est un témoignage infaillible de son amour pour les souffrances. Je leur demande encore d'où vient que la très-sainte Vierge a été abîmée comme dans une mer immense de douleurs, et qu'elle a plus enduré que tous les saints. Je leur demande d'où vient que la sainte Église chante : *Tous les saints, combien ont-ils souffert !* La sainte Vierge cependant qui n'a jamais contracté ni commis le moindre péché, ne pouvait souffrir pour être purifiée de ses taches, étant plus pure que le soleil et les anges. Marque évidente que les états de peine ne sont pas seulement pour purifier, mais pour sanctifier de plus en plus les âmes. Enfin je leur demande de qui nous apprendrons les voies du ciel, si ce n'est de celui qui est la voie, la vérité et la vie ! Certainement, s'il eût trouvé, selon sa sagesse infinie, qu'il y eût eu quelque chose de meilleur en ce monde que la souffrance, il l'eût enseigné par son exemple. Cette pensée est du livre divin de *l'Imitation de Jésus-Christ*. Ce que tant de miracles n'avaient pu faire, il l'a fait par la croix : marque donc qu'elle renferme quelque chose de plus grand que ce qu'il y a de plus merveilleux et de plus miraculeux en cette vie.

Mais écoutons ce divin Maître, parlant à tous ses disciples : *Si quelqu'un veut venir après moi, qu'il renonce à soi-même et porte sa croix.* (Matth. XVI, 24). Il ne dit pas : Ayez de hautes contemplations, de belles lumières, des consolations et des joies spirituelles : il ne demande que la croix, et pour prévenir la mauvaise réponse de ces personnes qui disent que cela est bon pour un temps, il ne limite point son ordre à de certains âges, conditions ou états intérieurs ; mais il prononce généralement à tous ceux de sa suite, qu'ils doivent porter la croix ; et pour ôter tout doute, un évangéliste rapporte qu'il disait qu'il fallait porter sa croix *tous les jours*. Voilà une décision bien nette. Il le faut bien, puisque le même divin Maître nous assure que comme son Père l'a envoyé, il nous envoie. Si donc il a été envoyé pour souffrir, nous sommes aussi en ce monde pour la peine. Que ces personnes qui renvoient les tourments à notre bon Sauveur fassent réflexion sur ce passage, qui est expliqué, comme je le fais, par les saints Pères et les auteurs spirituels.

Enfin, sommes-nous plus sages que la Sagesse même ? Le Fils de Dieu a cru que son Père serait plus glorifié par les voies de la croix, que par les voies douces ; pourquoi ne serions-nous pas dans les mêmes sentiments ? Tout le christianisme a été établi dans cet esprit. Toutes les réformes et les plus grands desseins de Dieu ne s'accomplissent que par ce moyen. Le salut, dans l'Écriture (*Apoc.* VIII, 8), est comparé à une montagne, parce qu'il faut peiner pour y monter. Sa voie est étroite, et bien étroite ; ce qui fait voir que l'on n'y marche pas sans difficulté. La sûreté y est tout entière, mais la peine s'y trouve. C'est une parole fidèle, dit le grand Apôtre, que si nous mourons avec Jésus, nous mourrons avec lui, mais ne voyez-vous pas la condition ? C'est pourquoi il appelle tous les chrétiens des morts. Il faut donc conclure par ces paroles que le Fils de Dieu adressait à sainte Thérèse : « Le bien de ce monde ne consiste pas à jouir de moi, mais à me servir, à travailler pour ma gloire, et à souffrir à mon imitation. » Ne vous étonnez pas ensuite si cette grande sainte avait pris pour maxime, *Ou souffrir, ou mourir* ; comme si elle eût voulu dire : Dès que l'on ne souffre plus en ce monde, il faut le quitter, la croix y étant notre grande affaire. Ne nous étonnons pas si sainte Catherine de Sienne choisit la couronne d'épines, et la préféra à toutes les autres.

6

LES CROIX SONT UNE MARQUE DE PRÉDESTINATION, ET D'UNE HAUTE PRÉDESTINATION

Ô éternité ! Ô éternité, que tu entres peu dans l'esprit des hommes ! Leur aveuglement est si déplorable qu'ils sont tous plongés dans la pensée de ce qui ne fait que passer, et ils ne s'occupent de rien moins que de ce qui est éternel. Il est bien vrai encore que l'éternité entre peu dans les âmes qui en sont même les plus pénétrées, parce que tous les hommes ne peuvent la comprendre ; mais en même temps il est aussi vrai qu'elle comprendra tous les hommes. Ô éternité ! tous les hommes entreront, pour n'en sortir jamais, dans les abîmes dont la profondeur n'a point de fin. Mon âme, voilà de grandes vérités qui nous regardent, dont nous aurons l'expérience, et dans peu. Bientôt nous allons entrer dans cette éternité, après quelques années qui nous restent, s'il nous en reste encore. Sera-ce dans l'éternité bienheureuse ou malheureuse ? C'est ce que nous ne savons pas. Ô incertitude épouvantable ! j'aperçois les colonnes du ciel qui en tremblent, je vois que ceux qui doivent juger le monde en pâlissent d'effroi. Cependant, tremblons tant qu'il nous plaira, faisons de nos yeux des sources intarissables de larmes, il en faut passer par là. Ô mon âme, dans peu, encore une fois, nous y allons passer.

C'est donc en ce sujet qu'il faut prendre des mesures bien justes : s'y tromper, c'est se perdre sans ressource. Hélas ! Ô pensée terrible ! c'est une damnation assurée. Les docteurs se présentent, et les saints Pères, qui nous donnent des signes de prédestination, c'est-à-dire, des marques pour connaître si l'on possédera la bienheureuse éternité. Ils en apportent plusieurs qui demandent de profonds respects, qui sont bien capables de consoler. Mais écoutons celui qui ne peut se tromper et qui ne peut tromper, le Saint-Esprit, l'Esprit de vérité. Assurément les choses qu'il révèle sont infaillibles.

J'entends donc qu'il dit dans l'Écriture : *Ceux qui sont à Jésus-Christ ont crucifié leur chair avec leurs vies et leurs convoitises.* (Galat. V, 24) Ô mon âme, il faut donc être crucifiée pour être à Jésus-Christ. J'entends qu'il dit que *celui qui hait son âme en ce monde la garde pour la vie éternelle.* (Joan. XII, 25) Voilà qui nous apprend qu'il faut se haïr pour être sauvé ; et si certainement, qu'il assure, pour ôter tout doute, que celui qui s'aime se perdra. J'entends qu'il dit, que les élus sont des gens que le Père éternel a prédestinés pour être conformes à l'image de son Fils. Donc la véritable marque de la prédestination se trouve dans la ressemblance que l'on a avec ce Fils bien-aimé. Arrêtons, arrêtons donc nos yeux sur ce divin original, pour en devenir de véritables copies ; et de temps en temps regardons-nous pour voir si nous lui ressemblons. C'est ce qui doit faire notre règle en matière de salut ! Vous qui lisez ceci, prenez-y garde. Êtes-vous semblable à Jésus-Christ ? Ô mon âme, nous qui écrivons ces vérités, lui sommes-nous semblables ! On entendit, dit l'Écriture, une voix des cieux, qui disait : *Vous êtes mon Fils bien-aimé* (*Matth*. XVII, 15) : et incontinent l'Esprit le chassa dans le désert, et il y était avec les bêtes, comme le rapporte saint Marc. Aussitôt que le ciel déclare que l'adorable Jésus est Fils bien-aimé du Père éternel, aussitôt le voilà dans la souffrance. Mais hélas ! toute sa vie n'a été qu'une continuelle croix. Si l'on demande au Fils de Dieu que son favori, saint Jean l'Évangéliste, soit assis auprès de lui en son royaume, il demande s'il peut boire son calice. Voilà la condition nécessaire dont les favoris ne sont pas exempts. Benjamin, dans l'ancienne loi, était la figure des prédestinés ; aussi la coupe ou calice lui est donnée : présent, dit saint Ambroise, qui ne se fait qu'à l'un de tous les enfants de Jacob. On donne bien du blé à tous ; mais le calice est réservé pour un seul. Enfin, notre grand docteur du salut, l'adorable Jésus, nous enseigne que ses disciples pleureront, et que le monde se réjouira, ce monde qui ne connaît pas Dieu et qui est son ennemi. On ne peut donner des marques plus visibles du salut. Les pleurs et les larmes, selon la doctrine d'un Dieu-Homme, sont le partage des prédestinés.

Mais ces marques sont-elles si certaines et si générales qu'elles conviennent à tous les élus ? Il n'y a point à douter, puisque le Saint-Esprit nous assure très clairement, en l'*Épître des Hébreux*, que Dieu reprend et châtie tous ses enfants. Qui dit tous n'en excepte pas un. Et afin de ne laisser aucun subterfuge à l'esprit humain, il appelle ceux qui ne sont pas châtiés des illégitimes, et non pas de véritables enfants. L'Écriture peut-elle parler plus clairement ? C'est pourquoi saint Augustin ne fait pas difficulté de dire que celui qui n'est pas au nombre des personnes qui souffrent n'est pas au nombre des enfants de Dieu : qu'il ne faut pas espérer l'héritage du salut, sans participer à la croix ; que c'est bien se tromper que de vouloir s'exempter des peines en cette vie, aucun des élus n'en ayant pas été exempt. Voulez-vous l'entendre ? dit ce Père, Dieu n'a qu'un Fils naturel, qui est l'innocence même, et qui est impeccable, et cependant il ne l'a pas exempté de la loi des souffrances. Un saint évêque, bien pénétré de cette vérité, ayant rencontré un homme qui lui dit qu'il avait toujours été dans l'honneur et dans l'aise, jouissant d'une bonne santé, au milieu d'une abondance de biens, et d'une famille qui était toute dans la prospérité : Hélas ! s'écria ce prélat, voilà de grands signes de la colère de Dieu ; fuyons bien vite d'une maison où il ne paraît aucune croix. À peine était-il sorti que la colère de Dieu tomba sur cet homme et sur sa famille, qui furent tous accablés sous les ruines de leur maison.

Il faut dire de plus que les croix non seulement sont les marques de la prédestination, mais d'une haute prédestination : cela se voit manifestement en la personne de Notre-Seigneur, de la très-sainte Vierge, et des plus grands saints, qui ayant été élevés à une plus haute sainteté, ont été chargés de plus pesantes croix. Ces pierres vives, dont le Tout-Puissant bâtit la Jérusalem céleste, sont, comme le chante l'Église, polies par le coup des afflictions. Or, dans cette grande cité de la Jérusalem céleste, tous les prédestinés y ont chacun une demeure particulière, qui, à proportion qu'elle doit être ample et élevée, demande plus ou moins de travail. Le peu de travail que l'on fait pour commencer et achever est une marque bien évidente que ce n'est pas grand-chose. Courage donc, ô mon âme qui souffrez : toutes vos peines ne servent qu'à l'accroissement de votre gloire. Voyez-vous tous ces gens qui s'unissent pour vous faire souffrir ; ces démons qui vous attaquent avec rage ; ces hommes méchants qui vous font des persécutions si injustes, ces bons qui s'y mêlent, pensant bien faire ; ces amis qui vous laissent, ces proches qui vous rebutent ? Ce sont autant d'ouvriers qui travaillent à vous faire de glorieuses couronnes. Oh ! les bons ouvriers et qu'ils sont aimables, si vous les connaissez bien, et si vous les regardez par les yeux de la foi, et non par les yeux de la chair ? Oh ! que bienheureux sont ceux qui pleurent ! Demeurons-en aux sentiments d'un Dieu, quoi qu'en pensent les créatures. Ô mon âme, les heureuses nouvelles ! Nous régnerons, nous régnerons avec le grand roi Jésus, si nous souffrons avec lui.

7

LES CROIX ÉLÈVENT À UNE GLOIRE INCOMPARABLE

Oh ! Que les ambitieux du siècle n'entendent-ils bien cette vérité ! qu'ils changeraient bientôt d'humeur et d'inclination, foulant aux pieds tout ce qui éclate davantage dans le monde, pour ne plus soupirer qu'après la gloire de la croix ! Oui, nous soutenons, avec les saints les plus éclairés, qu'elle est incomparable. Mais cette vérité éclate d'une manière admirable en la bouche d'or de l'éloquent saint Jean Chrysostome. Vous diriez que le ciel verse dans l'esprit de ce grand prélat de Constantinople toutes les plus riches lumières de la croix, parce qu'il le destine aux plus pénibles souffrances. Tous les mystères les plus cachés de la croix lui sont manifestés. On le fait pénétrer dans l'intime de ses plus divins secrets, parce qu'il doit passer dans les voies les plus rigoureuses et servir d'un modèle achevé de patience à toute la postérité. Voici les sentiments de cet homme divin sur la gloire incomparable des souffrances.

Premièrement, si dans les honneurs les plus relevés du siècle, il n'y a rien de plus brillant que les couronnes des monarques, il assure que souffrir est quelque chose de plus brillant que l'empire de l'univers, et que tous ceux qui souffrent chrétiennement sont de grands rois. Secondement, si les qualités d'apôtres et d'évangélistes sont les premières dignités de l'état de Jésus-Christ, il proteste que la gloire de l'apostolat et de l'écrivain sacré doit céder à celle des souffrances ; qu'il est plus illustre d'être chargé de chaînes pour Jésus-Christ, que de porter la qualité d'évangéliste ou celle de docteur du monde. En troisième lieu, il déclare qu'il quitterait volontiers le ciel, s'il était à son choix, pour endurer pour le Dieu du ciel ; qu'il préférerait les cachots aux premières places de l'empyrée ; que la gloire des séraphins ne lui donne pas tant d'envie, que celle des plus pénibles croix. C'est pourquoi il estime saint Paul plus heureux d'avoir été emprisonné, que d'avoir été ravi au troisième ciel ; et il préfère l'ignominie du prince des apôtres, chargé de fers, à la félicité de l'esprit bienheureux qui le délivre. En quatrième lieu, il poursuit, et ne fait pas difficulté de dire qu'il aime mieux être maltraité de Jésus-Christ, par sa participation de sa croix, que d'être honoré de ce Roi du ciel et de la terre. En cinquième lieu, comme il remarque que le don des miracles attire la vénération de tous les peuples, il enseigne que commander aux démons, donner le branle et le mouvement à tous les éléments, arrêter le soleil, sont de moindres choses que l'honneur des souffrances. Et de vrai, le grand saint Augustin considère dignement que l'Évangile nous dit que le Saint-Esprit n'était pas donné, parce que Jésus n'était pas glorifié, et cela dans le temps qu'il faisait des miracles admirables. Chose étrange, dit ce Père, Jésus n'était pas glorifié lorsqu'il commandait à la mort par la résurrection de plusieurs à qui il redonnait la vie ; il est glorifié, lorsque la mort lui commande et lui fait perdre la sienne.

N'est-ce pas à raison des ignominies et des abjections de cette mort douloureuse de notre divin Maître, que son Père l'a exalté et lui a donné un nom au-dessus de tout nom, en sorte qu'au nom de Jésus toutes les créatures du ciel, de la terre et de l'enfer, fléchissent le genou ? N'est-ce pas pour cela qu'il appelle l'heure de sa mort, l'heure de sa gloire ? Après cela cessons de nous étonner si les saints mettent le dernier point d'honneur de la vie présente dans les derniers abaissements. Saint Paul prend pour une de ses plus honorables qualités, celle de *Paul le captif ou l'enchaîné*, (*Philem.* 1) et met sa grande gloire dans l'infamie du gibet, souffert pour le nom de son maître.

Je vous demande, à vous qui lisez ces vérités, ce que vous faites. Vous venez de voir ce que le Roi des saints et ses plus grands saints ont fait ; mais que voyez-vous eu vous-même ? Examinez un peu devant Dieu vos sentiments sur ces croix : vous y considérez-vous comme un grand roi, comme une personne dont les souffrances sont plus estimées des apôtres et des évangélistes que leurs qualités, qui les rendent les premiers de l'Église ? Vous y regarderez-vous comme celui dont l'état donnerait de l'envie aux séraphins, s'ils en étaient capables, et qui vous rend plus glorieux que si vous ressuscitiez les morts ! Car si cela est, pourquoi êtes-vous triste ? Pourquoi vous impatientez-vous quand vous souffrez ? Êtes-vous d'humeur à murmurer de ce que l'on vous met le sceptre en main et la couronne en tête, et que l'on vous fait des honneurs que les monarques mêmes ne prétendent pas ? Ô pauvre affligé, rebuté, délaissé, qui est traité comme l'ordure du monde, réjouis-toi, console-toi. Réjouis-toi, ô pauvre, qui n'as pas un morceau de pain : encore un peu, un peu de patience, et aux yeux de tous les hommes de la terre, et à tes propres yeux, qui, en ce monde, sont souvent fermés à ces divines lumières, tu te verras élevé à une gloire incomparable. De quoi donc avez-vous peur, dit saint Ambroise ? ceux qui craignent d'être tentés et affligés craignent d'être couronnés.

8

LES CROIX SONT LE PARADIS DE LA TERRE

On a bien recherché en quel lieu du monde est le paradis terrestre, et fort inutilement. Sans tant de recherches, le voilà tout trouvé. Il ne faut pas aller loin pour faire une si heureuse découverte. Avez-vous trouvé à souffrir, vous avez trouvé le paradis de la terre. Cette proposition peut-être semblera de prime abord surprenante, mais elle n'en est pas moins assurée. Il n'y a personne qui puisse nier qu'il n'y a point d'autre véritable paradis que Dieu seul, et que c'est dans sa seule union que l'âme trouve sa parfaite félicité. C'est une vérité constante pour le ciel et pour la terre, avec néanmoins cette différence, que l'union avec Dieu dans le ciel est dans son terme ; qu'elle n'augmente plus et est exempte de toute peine ; et, qu'au contraire, l'union avec Dieu en cette vie peut augmenter et croître de plus en plus ; ce qui ne se fait pas sans difficulté, à raison des obstacles que nous y avons. Or, comme les croix sont le grand moyen qui éloigne de nous les empêchements à l'union divine, nous retirant de l'être créé pour nous unir à l'incréé, on peut bien dire qu'elles sont le paradis de ce monde, puisque, par elles, nous sommes unis à Dieu seul, notre centre et notre fin.

C'est pourquoi nous disons que la félicité de la vie présente consiste dans les souffrances, puisqu'elles nous font jouir de Dieu seul d'une manière plus pure et plus parfaite. Il est vrai que souvent la douceur de ce bonheur n'est pas goûtée dans les sens, ni connue dans la partie inférieure raisonnable, de peur que l'amour-propre et la propre satisfaction ne s'y mêlent ; mais ce bien ne laisse pas d'être véritablement dans l'âme, qui jouit de son véritable bonheur quand elle est dans son centre, c'est-à-dire dans l'union avec son Dieu. Elle le voit bien, quand il plaît à son Souverain de le lui manifester ; ce qu'il fait quelquefois avec des douceurs sensibles si charmantes, ou, si les sens n'y ont pas de part, avec des lumières si vives et si certaines, qu'il lui semble être dans les avant-goûts de la joie des bienheureux, parmi les croix les plus pénibles à la nature.

Mais enfin ces douceurs sensibles et ces lumières aperçues ne sont que de petits rejaillissements de la grâce sur la partie sensitive, ou quelque connaissance réfléchie du bien que l'on possède, qui est l'union avec Dieu seul. Or cette union, en ce monde, est d'autant plus pure et plus parfaite, quelle est moins connue. Pourvu que l'on soit très uni à son centre, on possède la félicité dont on peut jouir. On peut ici remarquer la raison par laquelle de saintes âmes se sont trouvées dans une grande tristesse, lorsque les croix qui les affligeaient étaient sur le point de finir. Quelquefois même elles étaient tout étonnées d'où leur pouvait provenir une tristesse si extraordinaire ; car, ordinairement, on sent de la joie dans la délivrance des peines. C'est que ces âmes ayant rencontré leur bonheur dans l'union avec Dieu seul par le moyen des croix, et connaissant qu'elles allaient perdre ce moyen, se trouvaient dans la peine, appréhendant, dans sa privation, de ne pas jouir parfaitement de leur centre.

Nous disons ensuite qu'il est plus doux de souffrir que de penser à la souffrance. Cela peut encore paraître surprenant, et cependant cela est très vrai. La raison est que la pensée de la souffrance ne nous unit pas à Dieu seul comme la souffrance actuelle. Le chemin qui mène au lieu où l'on va est le moyen nécessaire pour y arriver ; mais il y a bien de la différence de la pensée de se mettre en chemin, ou bien de le prendre. Vous voyez bien que la pensée d'aller au lieu ne nous y conduit pas ; de même les sentiments, les vues ou pensées des croix ne nous conduisent pas à l'union avec Dieu seul, comme les croix mêmes, et par conséquent ne nous font pas jouir du bonheur qui se rencontre dans cette union comme les souffrances actuelles. Ô âme chrétienne, fais ce que tu voudras, tourne-toi de quel côté que tu pourras ; quand tu jouirais de tous les honneurs, plaisirs et richesses du monde, tu ne trouveras ton repos qu'en Dieu seul : Dieu seul est ton principe, ta fin et ton centre. Voyez-vous cet homme qui, par quelques faux pas, s'est disloqué un os ; il souffre de grandes douleurs, et crie. Mais si on lui disait : Eh ! pauvre homme, pourquoi cries-tu ? Tu n'as rien de rompu : l'os de ta jambe ou de ton pied est en son entier. Hélas ! vous dirait-il, il est bien vrai ; mais c'est assez, pour me faire bien de la douleur, qu'il soit hors de sa place. Si un os hors de son lieu ordinaire est capable de donner tant de peine, ô mon Dieu ! que doit-on penser d'une âme qui est hors de l'union avec Dieu ? Mais quel bien est-ce que la croix, puisqu'elle nous y conduit si avantageusement, nous y conserve si sûrement, nous en fait jouir de plus en plus si saintement ?

J'ai connu une personne qui, étant malade, se trouvait soulagée du mal de tête, que la fièvre lui donnait, en s'entretenant du bonheur des croix ; et voici comme elle y pensait. Elle se représentait un grand délaissement des créatures, un grand nombre de persécutions, la perte de son honneur et de ce que l'on a de plus cher au monde. Elle se considérait comme abandonnée de ses amis, décriée parmi les gens de bien et les serviteurs de Dieu, ne trouvant qu'oppositions partout, regardée comme la malédiction du monde. Ensuite elle se voyait dans un tel abandon de toutes les créatures, que, réduite dans une dernière extrémité de maladie, elle ne pût pas trouver une table pour se retirer, pas un verre d'eau pour sa nécessité, pas une seule personne pour l'assister ; mais qu'elle fût obligée de mourir en pleine rue, dans un ruisseau, comme un pauvre chien. S'entretenant de la sorte, elle se trouvait bien soulagée, et elle disait : Cet état est le paradis de la terre. S'il y a quelque bonheur au monde, c'est celui-là. Dans la suite des temps, cette personne a éprouvé une grande partie de ce qu'elle pensait pour lors, et je lui ai ouï dire, dans l'épreuve, qu'elle était bien éloignée de changer de sentiment, mais qu'elle découvrait cent mille fois mieux que la félicité de la vie présente consiste à y souffrir beaucoup. Ô Dieu seul : Dieu seul ! Dieu seul !

ORAISON À LA TRÈS-SAINTE VIERGE

LA REINE DE TOUTES LES PLUS SAINTES LUMIÈRES DE LA GRÂCE

Sainte Vierge, vous êtes comme une divine aurore dans le point du jour de votre conception immaculée, toute pure et toute sainte ; vous êtes comme une belle lune dans le progrès de votre vie admirable ; vous êtes encore choisie comme soleil, non seulement parce que vous êtes toute couverte du soleil de justice et que vous êtes toute pénétrée des lumières de la grâce et des ardeurs ineffables de son pur amour, mais encore parce que, comme c'est le soleil visible qui donne le jour au monde sublunaire, de même c'est pour vous que le soleil visible communique ses clartés à tout le monde de la grâce. Ô sainte Vierge, obtenez donc à mon esprit, et à ceux qui liront ce petit ouvrage, qui est tout à vous, aussi bien que tout le reste que je puis avoir, quelque participation spéciale aux lumières de votre Fils bien-aimé, qui nous fasse concevoir toujours une très haute estime de la croix, pour avoir ensuite un véritable amour qui nous serve à nous unir à la très-sainte Trinité, le Père, le Fils et le Saint-Esprit, Dieu seul. Ainsi soit-il.

LIVRE II

1

LES VOIES DE LA CROIX SONT DIFFÉRENTES

Quoiqu'il soit vrai que les véritables disciples du Fils de Dieu portent tous leur croix à l'imitation et la suite de leur divin Maître, il est néanmoins assuré qu'ils ne la portent pas également. Tous marchent par la voie de la croix, mais d'une manière bien différente. Les uns y sont conduits par des peines extérieures, les autres par des peines intérieures. Vous en voyez qui sont exercés par des maladies corporelles ; vous en voyez qui sont affligés par la perte de leurs plus belles lumières, et même de leur esprit, comme il est arrivé à des premiers hommes du monde et à d'autres serviteurs de Dieu. Il y en a qui sont réduits à une grande pauvreté ; soit par la perte d'un procès ou d'autres fâcheux événements, soit par la misère de leur naissance. Il y en a qui gémissent par la privation de leurs honneurs, de leurs charges et de leurs emplois. Quelques-uns sont persécutés des hommes ; ils ne trouvent de tous côtés que contradictions, et des bons aussi bien que des méchants ; leur réputation est déchirée, on leur suscite des calomnies de toutes parts. Quelques autres sont rudement tourmentés par les démons. Il s'en trouve d'étrangement crucifiés par des peines intérieures qui sont très différentes, selon la disposition de la divine Providence. Vous en remarquerez dans un grand abandonnement de personnes qu'ils ont obligées, de leurs amis, de leurs parents et même des plus proches. Une femme souffrira beaucoup d'un mari, un mari d'une femme, un père d'un enfant.

Or, il y a de ces personnes crucifiées qui portent plusieurs de ces croix ensemble. Il y en a qui sont tourmentées de tous côtés, du ciel et de la terre, des hommes, et des démons, extérieurement et intérieurement. Il y a des croix qui, quoique légères en elles-mêmes, sont très pesantes et font beaucoup souffrir ceux qui les ont. Il y en a qui de soi sont très lourdes et qui deviennent fort légères par la facilité que la grâce y donne. On rencontre des personnes qui font pitié par les maux épouvantables qu'elles endurent : et, au dedans, ces gens surabondent de joie, ce qui fait qu'ils souffrent presque sans souffrir. On en verra d'autres dont les peines sont si légères que leurs meilleurs amis n'en font que rire ; personne ne croit les devoir plaindre ; cependant leurs souffrances sont extrêmes. Après tout, quoiqu'il soit vrai que le chrétien a toujours la croix à porter durant le cours de cette vie, puisqu'il a toujours à combattre et qu'il peut toujours pécher (quand même il serait confirmé en grâce, ce don n'exemptant pas de péchés véniels), cependant il y a des conduites de Dieu qui sont mêlées de beaucoup de consolations. Il y a des âmes à qui la peine ne fait presque plus de peine. Dans toutes ces voies différentes, il faut adorer, aimer, bénir, louer et remercier avec une soumission totale la disposition de la divine Providence, se donnant bien de garde de vouloir éplucher et examiner pourquoi Dieu conduit les uns d'une manière, et les autres d'une autre. L'esprit créé se perdrait dans cet abîme. Dieu est le maître absolu ; c'est à la créature à se tenir dans une entière dépendance de ses ordres, à les adorer et aimer, à garder un profond silence dans un dernier respect, et n'être pas si insolemment téméraire que de lui demander : Pourquoi le faites-vous ? À bas l'esprit humain, à bas le raisonnement humain devant Dieu ! Autrement, c'est se faire une voie pour aller en enfer, pour y être damné éternellement avec les esprits diaboliques qui y sont pour leur superbe. Je ne dis pas que l'on puisse empêcher quantité de pensées qui viennent involontairement, mais il ne s'y faut pas arrêter avec détermination de la volonté.

Au reste, il y a des crucifiés que Dieu tire de l'opprobre de ce monde, et dont il justifie l'innocence sans épargner même les miracles pour ce sujet. Mais il y en a dont l'innocence demeure toujours opprimée, qui vivent et meurent dans leurs croix, qui même sont persécutés après leur mort. Cela se voit en plusieurs saints, qui ont porté des peines intérieures durant toute leur vie, ou qui ont toujours été dans la calomnie, leur mémoire étant même combattue après leur mort. L'on peut dire à tout cela, que ceux-là sont plus heureux qui ont plus de conformité à Notre-Seigneur qui a toujours été dans la douleur, dans la pauvreté, dans le mépris, qui, étant l'innocence même, n'a pas été justifié, mais sur les accusations que l'on faisait de sa divine personne, a été jugé et condamné à toutes sortes de tribunaux ecclésiastiques et laïques, par les rois, par les gouverneurs de provinces, par le grand-prêtre, par les pontifes et les docteurs de la loi ; qui n'a voulu faire aucun miracle en la croix pour se justifier, quoiqu'on lui dit qu'on croirait en lui, s'il en faisait ; qui n'en a point voulu faire pour tirer sa très-sainte Mère, et saint Joseph, de leurs pauvreté et afflictions. À la vérité, il en fait plusieurs pour le soulagement de quantité de saints : mais il n'en a pas usé de la sorte à l'égard de sa divine personne, de celle de sa sainte Mère, de saint Joseph, de saint Jean-Baptiste, qu'il a laissés dans une conduite ordinaire pour les biens de la vie. Il a de plus voulu, ce Dieu-Homme, après sa mort, et au milieu de ses triomphes, souffrir encore par les péchés des chrétiens, par l'erreur des hérétiques, par l'infidélité des mahométans et des païens : il a exposé son corps à des ignominies effroyables dans le très saint Sacrement, n'y faisant voir aux sens autre chose qu'une apparence du pain ; il souffre d'être blasphémé tous les jours, méprisé, contredit, rebuté, chassé de l'esprit, du cœur, et extérieurement de tant de provinces et royaumes, dont l'hérésie a banni la divine Eucharistie. Après cela, doit-on s'étonner s'il a des élus qu'il destine à des souffrances durant toute leur vie, et même après leur mort ? Le jour du grand jugement général, à la fin des siècles, est réservé pour mettre en évidence toutes choses, et pour récompenser ou punir publiquement, et devant tous les peuples de la terre, le vice ou la vertu.

2

QUE CHACUN DOIT PORTER SA CROIX ET DE QUELLE MANIÈRE IL FAUT LA PORTER

Après avoir parlé de tant de croix différentes, que nous reste-t-il, sinon de prendre la nôtre, celle qu'il plaît à la divine Providence de nous donner ? Mais que notre Maître s'explique clairement sur ce sujet, lorsqu'il dit : *Si quelqu'un veut venir après moi, qu'il porte sa croix !* (*Matth.* XVI, 24) Car il ne dit pas qu'il porte la croix, mais sa croix. C'est donc une vérité certaine, qu'il faut que chacun porte la sienne. Ô mon âme, vois-tu ce divin Roi des prédestinés, à la tête de tous ses élus, chargé de la plus lourde croix qui fut jamais, et qui renferme toutes les croix des saints ? Si tu prends bien garde à toute sa suite, tu ne verras aucun de ceux qui sont à lui, depuis le commencement du monde jusqu'à la fin des siècles, qui ne porte la sienne. Résolument, il faut donc aussi porter la nôtre : et comment faire autrement ? Serions-nous assez perdus d'esprit pour penser qu'il y aurait une exception pour nous seuls, de la vie générale de tous les prédestinés ? Non, non, il n'y a point à hésiter sur ce qui est sûr de la dernière certitude. Chacun doit porter sa croix.

Nous parlerons amplement, dans le quatrième livre de ce petit ouvrage, de la manière de la bien porter. Mais nous dirons ici quelque chose de ce qu'il y a à éviter ou à faire. Disons donc, pour commencer, qu'il faut se donner de garde de trois choses.

La première, de ne se les pas procurer par ses fautes ou par son imagination, se formant des états de peines, parce qu'on les a lus ou entendus, ou parce qu'on y a trop rêvé. Quand les fautes sont faites, ayez-en regret, mais ne vous inquiétez pas ; et, pour l'imagination, tâchez doucement d'y apporter du remède, la divertissant de son application, et agissant selon les avis que les personnes expérimentées vous donneront. Après cela, donnez-vous du repos, et sachez une bonne fois que les effets qui viennent de vos péchés ou de votre imagination, et qui ne sont plus volontaires en vous, sont des croix que Dieu veut que vous portiez. Ne vous abattez donc pas sous vos peines, parce que vous vous les êtes procurées : courage, consolez-vous. Dieu, qui n'a pas voulu la cause, en veut l'effet. Nous l'avons déjà dit, et peut-être le répéterons-nous encore : les peines du purgatoire ont-elles une autre cause que le péché ? Faites comme ces bonnes âmes qui y souffrent. Endurez avec paix avec douceur, et tranquillité d'âme.

La seconde chose que l'on doit éviter, est de ne pas s'amuser à désirer d'autres croix que celles que nous avons. Vous verrez de certaines personnes qui ne font que penser à ce qu'elles n'ont pas, et ne pense jamais bien à ce qu'elles ont. Elles s'occupent des peines des autres, elles s'imaginent qu'elles leur seraient plus propres ; et elles ne veulent pas, à ce qu'elles disent, ne pas porter la croix : hélas ! non, mais elles voudraient bien d'autres croix que celles dont elles sont chargées. Pour ce sujet, elles se figurent qu'elles en feraient un tout autre usage, et qu'elles ne s'y laisseraient pas aller dans les fautes où elles tombent. Tout cela n'est qu'amour-propre et présomption. Pensons-nous être plus sages que la Sagesse éternelle, et savoir mieux les croix qui nous sont propres que Dieu même ? Ô quelle folie, quelle imprudence ! Croyez-moi, nous n'y entendons rien. Si on nous laissait faire, nous ferions des croix qui nous seraient ou trop longues ou trop courtes, ou trop pesantes ou trop légères. Il n'appartient qu'à Jésus seul de nous les tailler toutes justes. Tenez pour certain que celle que vous avez, quoi qu'en disent vos sens et votre esprit, est celle qui vous est juste. Demeurez-en là ; songez à en faire un bon usage. Le démon vous donne le change, de peur qu'elle ne vous soit utile, il vous fait penser à d'autres dont il ne s'agit pas, et vous fait oublier celle que vous avez. Après tout, ne perdez-vous pas le temps ? Eh ! de quoi cela vous sert-il ?

La troisième chose que l'on doit fuir, est une subtilité de l'amour-propre qui suggère qu'il est bien juste de porter sa croix ; mais qu'il serait à désirer qu'on l'eût à porter d'une autre manière. On veut bien le mal que l'on a, mais on serait bien aise de l'avoir d'une autre façon. Tout cela n'est qu'une pure tromperie. Il faut porter sa croix, et la porter en la manière que Dieu la donne. C'est la volonté de Dieu qu'il y faut envisager, et non pas précisément la croix, puisque c'est sa divine volonté que nous y devons faire, et non la nôtre. Souvenez-vous que la croix de Notre Seigneur, je veux dire celle que l'on porte chrétiennement, ne consiste pas précisément à beaucoup jeûner, à veiller et à souffrir, puisque les diables ne mangent et ne dorment jamais, et qu'ils souffrent des peines indicibles. Elle ne consiste pas précisément à se priver de son bien pour le donner aux pauvres, et vivre en pauvreté, puisque le grand Apôtre assure que cela peut se faire inutilement et sans le véritable amour de Dieu. (*I Cor.* XIII, 3) Elle ne consiste pas dans la solitude ; car combien de bergers méchants, qui y passent leur vie ! Elle est donc dans la souffrance portée par l'esprit de Jésus-Christ, parce qu'il le veut de la sorte. Or cela ne se peut pas faire, si on ne souffre en la manière qu'il ordonne.

Ensuite, ménagez bien toutes vos croix. Oh ! Qu'il est bon en cette matière d'être un grand ménager ! Ce solitaire en était un merveilleux, qui, voyant les vers tomber de sa chair à demi-pourrie, les recueillait tous avec grand soin, pour se les appliquer à d'autres endroits de son corps. Il avait grand peur d'en perdre le moindre. Ne perdez donc pas la moindre occasion de souffrir, ne laissez pas écouler le moindre de ces moments heureux ; devenez saintement avare en cette rencontre. Voyez-vous cet homme attaché au bien ? C'est lui arracher le cœur que de lui faire perdre une pistole. Oh ! quelle joie pour lui, si on lui présentait un trésor, où on lui donnât la liberté de puiser un jour entier, et de prendre à pleines mains de l'or et de l'argent ! Je vous assure qu'il n'en perdrait pas un moment ; serait bien habile, qui le divertirait à d'autres choses. Mais savez-vous que le trésor des souffrances renferme des richesses immenses pour la gloire ? Si vous aviez un morceau de la vraie croix, et qu'il vous en échappât quelques parcelles qui tombassent à terre, aussitôt vous vous jetteriez à genoux pour les recueillir ; vous regarderiez partout, de peur d'en perdre la moindre partie ; vous appelleriez vos enfants pour vous aider à les chercher. Hélas ! les croix que vous portez sont encore l'accomplissement de la croix de notre bon Sauveur. Prenez-y bien garde, n'en laissez rien échapper.

Pour tout cela, encore une fois, regardez bien la divine volonté dans vos croix. Voyez-y Dieu : ne regardez pas la tentation comme suggérée par le malin esprit, mais venant de la part de Dieu pour votre propre bien ; faites de même en tout ce qui vous arrive de la part des hommes ou des causes naturelles, soit pour les maladies, pertes, ou autres accidents. Ne faites pas comme les chiens qui courent après la pierre qu'on leur jette, sans regarder ceux dont elle vient : cet exemple est familier et ordinaire, mais il est utile ; faites-en l'application. Ô mon Dieu, verrons-nous toujours les causes secondes, sans envisager la première ?

3

SUITE DU MÊME DISCOURS

Nous demandons à Dieu, dit sainte Thérèse, que sa volonté soit faite, et quand il nous envoie des travaux qui sont un effet de sa volonté, nous n'en voulons plus. Il faut donc être fidèle dans l'acceptation des croix ; mais ce n'est pas assez de les accepter, il y faut entrer avec un grand courage, ne point s'amuser à délibérer, à consulter, à écouter ses répugnances. Pourquoi, dit un auteur spirituel, tant marchander à faire l'ouvrage de Dieu ? Il faut, dit le même, se fier à tous les desseins de Dieu, même sans les connaître ; être bien aise de les ignorer, c'est assez qu'il le veut ; être content de ne voir goutte dans ses états. L'âme non-seulement ne doit pas savoir ce qu'elle est, mais elle ne doit être rien devant l'être suradorable de Dieu. Pour ce sujet, l'on doit éviter les réflexions volontaires et les raisonnements, à quoi les femmes particulièrement sont plus sujettes. Le diable s'y mêle, et puis la contention avec laquelle on veut reconnaître son état, ou résister au mal, remplit tellement l'imagination des images de la tentation, que l'on dira que l'on s'y accoutume. On ne manque pas de prétexte ; car l'on dira que l'on réfléchit pour voir si l'on a consenti à la tentation, ou non. Mais dans les âmes peinées, c'est ordinairement une ruse de l'amour-propre, et un mouvement de curiosité, comme aussi la réitération des confessions générales. Pour toutes choses, il faut s'en rapporter à un directeur expérimenté, et se souvenir que, pour persévérer dans le bien, deux choses sont très nécessaires : le faire, quoique l'on y ait de l'opposition ; le faire au milieu de toutes les ténèbres imaginables. Après cela, l'on doit détourner doucement son imagination de l'application à ses peines, et en éviter l'examen ; comme aussi une certaine tendresse sur soi-même, ou une vaine tromperie de l'esprit, qui nous fait croire que nous sommes les personnes les plus misérables du monde, et qu'il y en a peu qui souffrent comme nous. Vous voyez de ces gens qui ne se lassent jamais de parler de leurs croix, qui se les approprient (car c'est une chose merveilleuse que l'amour-propre s'y glisse quelquefois), qui s'en élèvent et s'en font accroire ; qui s'y regardent, et pensent faire quelque chose. Hélas ! nous en sommes indignes, et dans les voies les plus pénible, nous avons tout sujet de nous humilier grandement, de craindre et de bien connaître notre misère et notre néant.

Un des grands secrets, pour bien porter sa croix, est d'en ôter l'inquiétude, et de rendre la peine tranquille par une totale conformité à la divine volonté. On ne peut jamais assez le dire, l'inquiétude ne vaut rien, non plus que le découragement et l'abattement. Humiliez-vous bien, car c'est le dessein de Dieu ; ne vous inquiétez pas, car c'est ce que le démon prétend. Il faut de plus, dit un grand prélat, ne pas tant craindre : le premier pas, pour arriver à la victoire, est de s'assurer ; et puis je vous dirai une ruse de guerre : c'est que le démon, tout faible et tout damné qu'il est, n'a rien rabattu de son orgueil ; de sorte qu'il ne peut supporter le mépris, et qu'il s'éloigne de ceux qui le combattent de cette façon.

Surtout, il faut bien prendre garde que la patience ne consiste pas à ne souffrir aucune agitation, à n'avoir pas de répugnance, à ne pas sentir de l'ennui, du chagrin involontaire, à ne pas avoir de l'opposition pour le bien, mais bien à vouloir souffrir dans son fond tout ce que Dieu veut, et en la manière qu'il le veut, malgré tout ce que l'on peut ressentir au contraire. Bien des gens donc se trompent, qui vous disent qu'ils ne veulent pas souffrir, parce qu'ils ont de grandes aversions et des répugnances sensibles aux souffrances ; puisque, si vous les examinez bien dans leur fond, ils ne voudraient pas autre chose que ce que Dieu veut. L'exemple de Notre-Seigneur est bien consolant dans ce sujet. Il témoigne de la tristesse et de l'ennui ; l'on peut donc bien se plaindre. Il prie deux ou trois fois son Père, que ce calice s'éloigne de lui : marque que la sensibilité de la partie inférieure n'empêche pas l'entière conformité aux ordres de Dieu. Il y a de grandes âmes que les douleurs sensibles faisaient crier à haute voix, et dont toutefois la volonté ne laissait pas d'être totalement perdue en celle de Dieu ; et notre Maître n'a-t-il pas crié hautement sur la croix dans son grand délaissement de son Père ?

Remarquez que souvent les efforts que l'on fait pour se délivrer de la croix que l'on porte, sont très inutiles. Il y a des personnes peinées, dit Taulère, qui, lorsqu'elles apportent plus de diligence et font plus d'efforts, deviennent plus sèches au dedans, et dures comme des pierres, si bien qu'à grande peine souffrent-elles quelquefois patiemment, et sont de plus en plus tourmentées et abattues de courage, outre qu'il s'y rencontre une secrète présomption qui fait agir, comme si l'on pouvait venir à bout des tentations par ses efforts ; et c'est le moyen de les augmenter, car l'orgueil croît ; et elles sont données pour l'ôter.

L'abandon total et sans réserve est donc nécessaire pour une entière indifférence à toutes sortes de souffrances, et pour leur qualité, et pour leur quantité, et pour leur durée. Quelquefois Dieu ne fait qu'attendre cet abandon parfait, pour soulager la personne qui souffre, comme il se lit du vénérable frère Alphonse Rodriguez, de la compagnie de Jésus. La propre volonté est la grande cause de nos peines : si elle était anéantie, souvent elles cesseraient ; mais il ne faut pas s'étonner si, la cause durant toujours, les effets en arrivent. Vos peines vous sont données pour vous purifier, et pour vous détacher : au moins c'est l'une des principales causes. Vous demeurez toujours attaché à vouloir ou ceci ou cela dans vos croix ; comment voulez-vous donc qu'elles cessent ? Ne voyez-vous pas que vos propres désirs sont toujours de nouvelles matières de souffrances ? Ah ! que Dieu sait bien mieux ce qu'il nous faut que nous-mêmes ! Pesez bien ces vérités. Il voit ce qui nous arrive, il nous aime plus que nous ne nous aimons ; il peut l'empêcher, et ne l'empêche pas. Il faut donc nécessairement, et sans aucun doute, que la chose nous soit plus avantageuse.

Un peu de patience donc, de courage, de recours à la grâce de Notre-Seigneur ; et quand tout serait désespéré selon la prudence humaine, il nous rendra victorieux. Dieu ne manque jamais de donner la grâce pour souffrir ; si nous succombons, c'est notre faute. Voici comme en parle l'illustre prélat du Bellay, dans sa *Lutte spirituelle*, au chap. XVII : « Cette vérité étant indubitable, que Dieu, qui est fidèle en ses promesses, ne permet jamais que nous soyons tentés au-dessus de nos forces, on tire de là un argument nécessaire, que ceux qui succombent n'ont pas fait tout ce qu'ils pouvaient pour y résister ; et quand ils cherchent dans leurs faiblesses des excuses à leur péché, on peut leur fermer la bouche en leur disant : que l'iniquité ment à elle-même. Comme ces méchants qui disent, chez le Sage, que le Soleil de justice ne les a pas éclairés. Dieu ayant fait à la vigne de leur intérieur toutes les façons nécessaires, c'est leur seule méchanceté qui rend des ronces au lieu de raisins. Combien de saints, avec de moindres grâces, ont vaincu de plus grandes tentations ! Non, non, jamais Dieu ne dénie son assistance à celui qui fait ce qu'il doit. »

Mettez donc votre confiance au secours du Seigneur, et ne vous amusez pas à considérer vos forces, qui ne sont qu'une pure faiblesse. Avec Jésus, nous pourrons tout, nous pourrons surmonter tout ce qui est le plus capable de nous faire peur. Ne vous étonnez pas si vous sentez si peu de vigueur pour combattre ces tentations que vous prévoyez, ou pour souffrir ces tourments qui pourront vous arriver. Comme il n'est pas encore temps ni de combattre ni de souffrir, ces grands secours, qui ne vous manqueront pas du côté de Dieu, ne vous sont pas encore donnés : quand vous les aurez dans leur temps, les croix actuelles que vous porterez vous feront moins de peur que la simple pensée que vous en avez. Quand vous serez dans l'occasion, tenez ferme dans le sacrifice, supportez-vous dans les répugnances que vous y aurez, et même dans les fautes que vous y ferez. Souffrez par l'amour de Dieu seul, sans espérance d'aucune consolation. Souffrez avec amour, avec joie, avec action de grâces, avec étonnement de l'honneur que l'on vous fait de participer à la croix du Fils de Dieu. Aimez avec courage la justice de Dieu, qui est Dieu même, aussi bien que sa divine miséricorde et sa bonté. Si vous avez un peu de l'amour pur, vous l'aimerez, cette justice, quoi qu'il vous en coûte, et ensuite vous serez ravi que vos fautes en soient châtiées, sans chercher la diminution de la peine. Un excellent directeur, voyant une âme qui était dans de grands tourments, lui disait : Dieu le veut, c'est assez ; si, en détournant une épingle, je pouvais vous les ôter, je ne le ferais pas.

Enfin le démon, ne pouvant faire manquer une âme dans la voie des souffrances, se plait au moins à la détraquer de devoirs. Ne quittez donc pas vos exercices spirituels, ni aucune occupation qui regarde votre vocation, pour quelque ennui, tristesse, inquiétude ou peine que vous puissiez avoir. Faites, dit un grand prélat, comme ces malades qui mangent plus par raison que par appétit. Soyez ensuite plus assidu à l'usage des sacrements, quoique vous pratiquiez toutes choses sans goût, sans sentiment et, comme il vous semble, sans ferveur ; au contraire, avec aversion, répugnance, contre-cœur et violence d'esprit.

4

DES CROIX CORPORELLES

Réjouissez-vous, vous qui êtes affligés de maladies. Sainte Thérèse bénissait Dieu de ce que, n'étant pas d'une forte complexion, cela lui donnait la fièvre dans ses voyages et augmentait ses peines. Elle assurait qu'une âme cultivée par les travaux et par les maladies n'est jamais sèche, mais toujours imbibée de l'esprit de Dieu. Réjouissez-vous, vous qui avez quelques défauts corporels, soit que vous les ayez dès votre naissance, soit qu'ils vous soient arrivés par quelque accident : vous n'en serez pas si agréables aux créatures, qui, ne s'attachant pas à vous, vous donneront lieu de vous en détacher, pour vous unir à Dieu seul. Oh ! Quelle heureuse grâce, que ces disgrâces de la nature ! Que ne voudrions-nous pas avoir donné en l'autre vie, pour les moyens qui, nous séparant de l'être créé, nous unissent au Créateur ! Ôcombien, ô combien, ô combien d'âmes gémissent dans les enfers, pour avoir eu des corps bien faits et de beaux talents naturels ! Oh ! Si vous les pouviez entendre maudire ce que le monde aime tant, ces beautés, ces grâces naturelles ! Combien d'âmes sont sauvées, parce que, déplaisant aux créatures, elles se sont attachées à Dieu ; ou parce que, ayant un corps infirme et sujet aux maladies, elles n'ont pu s'engager dans les vaines voies du siècle ! J'en ai connu qui m'ont dit qu'elles seraient perdues sans leurs maladies.

Cependant, le saint livre de l'*Imitation de Jésus-Christ* dit que peu de personnes deviennent meilleures par les infirmités des maladies. C'est qu'elles n'en font pas un usage chrétien. Faites-en donc un bon usage ; et pour cela apprenez que la grâce des maladies est bien grande. Dieu, dit sainte Catherine de Gênes, fait un purgatoire en ce monde des corps des personnes malades. Apprenez que c'est une grâce si grande, qu'elle suffit pour arriver à une haute sainteté, comme nous lisons de plusieurs saints, qui ont passé toute leur vie dans des maladies continuelles. Que faisaient ces personnes éminentes en sainteté ? Visitaient-elles les pauvres ? Prêchaient-elles ? Quels étaient leurs exercices et leurs emplois, sinon d'être malades ? Tâchez d'avoir recours au ciel, pour en obtenir une grande patience : elle est très nécessaire dans les maladies qui ont des douleurs aiguës ou qui sont de longue durée. Souvenez-vous que les maladies qui durent longtemps doivent être soigneusement ménagées pour l'éternité : c'est l'emploi que la divine Providence donne à ces personnes pour gagner le ciel. Qu'elles y prennent bien garde, pour en faire un fidèle usage : ordinairement la durée, quand elle est longue, les rend ennuyeuses.

Ensuite veillez sur les ruses de l'amour-propre qui se mêle partout : il ne manquera pas de vous fournir ici quantité de prétextes, colorés même de la gloire de Dieu, pour vous donner de l'ennui dans vos maladies : il vous mettra en l'esprit que vos infirmités sont à charge à ceux avec qui vous êtes : mais Dieu, qui veut ces infirmités, en veut toutes les suites. Il faut donc les vouloir, et se tenir en repos, quoique l'on soit à charge et incommode aux autres. Il vous fera voir que vous êtes inutile au monde ; et particulièrement si vous vivez dans quelque communauté ; il tâchera de vous attrister par cette vue : mais sachez que les malades véritablement chrétiens ne sont pas inutiles, comme se l'imaginent ceux qui n'envisagent les choses que par des yeux de chair. Oh ! Que ces gens de souffrances attirent de douces miséricordes du ciel sur les maisons où ils sont, et qu'ils y font incomparablement plus de bien, que ces personnes qui ont tant d'aptitudes, tant d'intrigues, tant d'industries naturelles, et qui sont communément regardées comme les soutiens des communautés ! Ô mon Dieu, que vos yeux divins regardent bien les choses d'une autre manière que les yeux des hommes prudents de la sagesse humaine ! Jamais les communautés n'ont été mieux, et pour l'assistance temporelle aussi bien que pour la spirituelle, que lorsqu'elles ont été plus remplies de véritables crucifiés. Entendez bien cette vérité, ô supérieurs ! Et souvenez-vous que vos maisons ne peuvent être plus fortement appuyées que sur la croix.

L'amour-propre prétextera encore que les maladies privent des exercices spirituels, des pratiques de la communauté ou de sa vocation ; comme, par exemple, un prédicateur, de la prédication ; un supérieur, des fonctions de sa charge ; un artisan, de l'exercice de son métier. Mais que ces prétextes sont grossiers dans leur subtilité ! Je vous demande pourquoi vous voulez tous ces exercices, si ce n'est parce que Dieu les veut : dès lors donc que Dieu ne les veut plus, pourquoi les voudriez-vous, si ce n'est par votre propre volonté, qui est un grand dérèglement ? Mais cela empêche beaucoup de bien, me direz-vous. Voilà encore un détour de votre amour-propre. Est-ce à nous à faire le bien que Dieu ne veut pas que nous fassions ? Cela est bon, répliquerez-vous encore : mais c'est que je suis religieux, prédicateur, ou artisan. L'amour-propre est une étrange bête, que l'on ne tue pas facilement, et même qui renaît toujours. Est-ce que Dieu ne sait pas que vous êtes religieux, prédicateur, artisan ? Il le sait bien, mais puisqu'il vous envoie les infirmités que vous souffrez, il en veut toutes les privations et peines qui en arrivent.

On dira encore que tout cela est bon, mais qu'il en arrive de bonnes humiliations : on est regardé de mauvais œil, dans une maison ; on est méprisé, on est rebuté ; on s'ennuie, dans la longueur du temps, de vous servir et assister. Tant de charité qu'il vous plaira dans une forte maladie, si les incommodités durent longtemps, particulièrement quand elles ne sont pas si notables, on manque souvent de plusieurs besoins. Hélas ! vous plaignez-vous du trop de grâces que le ciel vous fait ? Si vos croix sont plus grandes, vous en êtes plus heureux devant Dieu. J'oubliais de vous dire que Dieu laisse quelquefois des personnes de grande vertu si sensibles à leurs maux, qu'à moins d'un grand discernement, vous croiriez qu'elles sont fort impatientes quoique dans leur fond elles soient admirablement résignées à la divine volonté. Les douleurs de sainte Catherine de Gênes lui faisaient quelquefois faire des cris jusqu'au ciel, dit l'histoire de sa vie. J'ai connu des âmes d'une vertu extraordinaire, à qui la même chose est arrivée. Cela sert à humilier, et à couvrir des vertus qui raviraient si elles étaient aperçues. Certainement le miroir de patience, le bienheureux Henri de Suso, pleurait et criait à hauts cris, et quelquefois dans les rues, au milieu de ses souffrances. Les impatients ne doivent pas de là prendre un sujet d'excuse à leur peu de résignation ; mais les personnes véritablement résignées, peuvent se consoler par ces exemples, si leur partie inférieure est vivement touchée, et jusqu'aux larmes ; cela n'empêche pas l'entière conformité de la volonté avec la volonté de Dieu.

5

DE LA PERTE DE L'HONNEUR

Quoi que l'homme puisse faire par ses austérités, aumônes, catéchismes, prédications, oraisons, s'il n'arrive au mépris de l'honneur, il ne parviendra jamais à l'entière union avec Notre-Seigneur, parce que c'est ce qu'il a le plus aimé et chéri en ce monde, et l'état dans lequel il est né et est mort. Chose étrange ! Nous ne voulons point ce qu'un Dieu-Homme a toujours recherché ; ou si nous en voulons, nous nous lassons bientôt de ce qu'il a aimé jusqu'au dernier moment de sa vie divine. Que deviendra ici la prudence humaine de certains spirituels, qui estiment et assurent qu'il est nécessaire, pour faire le bien, d'avoir du crédit et d'être en honneur parmi les hommes ! La grande sainte Thérèse regarde cette maxime, non seulement comme insupportable, mais comme très pernicieuse. Redisons encore ce qui a été dit autre part : sommes-nous plus sages que la Sagesse éternelle, pour trouver des voies plus propres à faire le bien, que celles qu'elle a prises ? Ô mon âme, arrêtons nos yeux sur cet exemplaire parfait, et ne les en détournons pas.

Considérons qu'il a une horreur si extrême pour l'honneur du monde, qu'en sa naissance il paraît dans une chétive étable, au milieu de deux vils animaux, sur un peu de paille. Ne voilà-t-il pas une étrange abjection pour la naissance du Roi des rois ? Un peu après il s'enfuit honteusement devant ceux qui le poursuivent : il passe son enfance dans une terre étrangère, dans une grande misère : ensuite il demeure caché dans la boutique d'un pauvre charpentier, jusqu'à l'âge de trente ans. Ô misérable point d'honneur, te voilà bien foulé aux pieds par le Dieu de toute gloire ! Que vos conduites, mon Dieu, sont éloignées de celles des hommes ! Est-il possible que la famille sainte de Jésus, Marie, et Joseph, famille sans éclat, dans la privation des biens de la vie, sans valet si servante, famille d'un pauvre artisan que l'on ne connaît point, soit pour être à la tête de tous les bienheureux dans la gloire éternelle ? Il est vrai que l'adorable Jésus parait en public mais, ô mon Dieu, hélas ! Ce n'est que pour se voir chargé de confusion et rassasié d'opprobres. Si ses sermons font éclat, il trouvera des gens qui s'en moquent ; et même il y aura de ses proches qui le regarderont comme s'il avait perdu le jugement, et qui le voudront arrêter comme un furieux.

Cependant, les peuples se partagent dans leurs opinions : les uns disant que c'était un bon personnage, et les autres soutenant que c'était un trompeur et un hypocrite. Peut-être que quelques-uns suspendaient leur jugement dans cette variété d'opinions, disant qu'il fallait attendre, et voir ce qui arriverait. Ô Père éternel, ne justifierez-vous point l'innocence de votre Fils bien-aimé ? Non, le ciel n'est pas si éloigné de la terre, que les voies de Dieu le sont de celles des hommes. Enfin, dans cette attente de ceux qui humainement paraissaient les plus judicieux, disant qu'il ne se fallait pas hâter, voilà le procès que l'on instruit de ce divin Sauveur. De prime abord, ne vous semble-t-il pas que ses affaires peuvent mieux aller ? Tôt ou tard, on reconnaît l'innocence. Sans doute que celui qui n'est pas coupable de la moindre faute, sera déchargé. Et comment faire autrement ? Le voilà donc saisi ; il est accusé. Ô bonté infinie ! ô miséricorde, ô charité excessive ! vous souffrez que plusieurs témoins déposent contre vous : ce sont, à la vérité, de faux témoins mais toujours ce sont des témoins. Ce débonnaire Seigneur est accusé de crimes contre lui-même, et des crimes des plus atroces, comme de lèse-majesté divine et humaine, d'affectation pour la divinité, et d'usurpation de la monarchie de la terre. L'on crie qu'il est un séducteur des peuples, perturbateur du repos public ; que c'est un buveur de vin, et qu'il a une alliance secrète avec les démons ; qu'il en est même possédé. Il est conduit au tribunal ecclésiastique : sans doute que les pontifes, les prêtres, seront favorables à son innocence, que les docteurs ne se laisseront pas surprendre. Hélas ! ce sont ces gens qui le condamneront avec plus de passion, et le grand pontife déchirant ses habits, marque assez l'horreur qu'il en conçoit. Il est mené devant le gouverneur de la province, devant le roi Hérode, et partout il est condamné. Quelle plus grande infamie que celle-là ? Car le monde ne manquait pas de dire : il est condamné par les pontifes, par les rois, et autres juges ; on le trouve coupable dans toutes sortes de tribunaux, ecclésiastiques et séculiers ; il y a des preuves par les témoins qui déposent. On voit bien à présent que toute la sainteté qui paraissait en cet homme, n'était qu'hypocrisie, et ses miracles qu'illusion ; on avait bien raison de dire que c'était un trompeur, un séducteur de peuples qui se laissaient séduire par ce personnage : voilà toutes choses à découvert, fait et parfait, et son arrêt prononcé.

Ce qui faisait encore beaucoup, pour donner vogue à ces discours, était la conduite de ses disciples. Voyez-vous, disait-on, ce ne sont pas seulement des gens qui lui sont opposés, qui agissent contre lui : l'un de ses propres disciples l'a livré à nos pontifes, marque de la connaissance qu'il en avait. Celui qui paraissait le plus zélé d'entre eux, a trouvé sa vie si honteuse, qu'il n'a pas même osé dire devant une simple servante qu'il le connaissait, et a mieux aimé se parjurer que de dire qu'il était de sa suite. Tous les autres l'ont abandonné : ce qui est un signe visible de la vérité des choses dont il est accusé. Il est vrai qu'il y a trois ou quatre femmelettes qui le suivent encore ; mais ce sont des femmes qui se laissent emporter à la passion, plutôt qu'à la conduite d'une droite raison. Après tout, il faut que ce soit un étrange homme, puisqu'on lui préfère des voleurs et des homicides, et que ce sont gens craignant Dieu qui sollicitent contre lui : car ces gens s'exerçaient aux œuvres de la miséricorde, demandant la délivrance d'un prisonnier, et étaient si religieux, qu'ils ne voulaient pas transgresser la loi en entrant dans le prétoire, où ils eussent contracté une souillure légale. On ajoutait de plus que Dieu, qui est protecteur des innocents, l'ayant lui-même abandonné, quoiqu'il l'appelât hautement, après tant de choses, il n'y avait plus à douter de ses prévarications : enfin, qu'il était mort sur la croix, ce qui était une malédiction déclarée, non-seulement par l'opinion du vulgaire, mais par l'autorité des divines

Écritures. Voilà, ô prudence humaine, la conduite d'un Dieu-Homme ! Voilà, ô sages spirituels, comme un Dieu s'y est pris pour faire le plus grand bien qui ait jamais été fait.

Mais au moins, dira quelqu'un, il n'a pas voulu être accusé, et être suspect en matière de pureté. Il suffit que la Vierge des vierges, sa très pure Mère, ait été soupçonnée d'adultère, pour faire voir que l'on doit être prêt à souffrir à son honneur en toutes manières. Aussi ce divin Maître, pour obvier à ces objections, après avoir dit à ses disciples : *Vous serez bienheureux lorsqu'on parlera mal de vous,* ajouta, et non pas sans dessein, *lors même qu'on en dira toute sorte de mal* (Matth. V, 11) Voyez-vous comme il n'excepte rien ? Combien de ses saints ont été noircis au sujet de la pureté !

Est-il possible, s'écriait sainte Thérèse, que je désire, ô mon Dieu ! que l'on ait quelque bonne opinion de moi, après que l'on a dit tant de mal de vous ? C'est pour cela que l'Apôtre proteste que le monde lui est crucifié, et qu'il est crucifié au monde, c'est-à-dire que le monde et son honneur lui étaient en la même horreur qu'est aux yeux d'un passant la rencontre d'un homme attaché au plus infâme gibet, et qu'il était réciproquement en horreur au monde, voyant qu'il chérissait ce qu'il abhorrait, les mépris et les infamies ; et c'est pour cela que cet homme apostolique assure qu'il était regardé comme un insensé. Oh ! que saint Ignace, le fondateur de la compagnie de Jésus, avait bien raison de dire aux siens, qui sont destinés pour faire de très grands biens par leurs emplois, que tout état dans lequel on est moqué et méprisé des hommes, et même tenu pour méchant et insensé, est un état précieux dans la vie spirituelle ! Je voudrais, dit la sainte que nous venons de citer, que l'étude de la pénitence fût dans l'amour des mépris et calomnies : en cela il n'est pas besoin de forces corporelles.

6

DES PERSÉCUTIONS DES HOMMES

C'est une vérité assurée, puisque nous la tenons de la Vérité même, que tous ceux qui veulent vivre pieusement en Jésus-Christ souffriront persécution. Le serviteur n'est pas au-dessus du maître. (*Joan.* XV, 20.) Si le monde a persécuté cruellement son souverain, le Seigneur de toutes choses, il n'épargnera pas ses disciples ! Comment le monde ne ferait-il pas la guerre à ceux qui lui sont opposés, puisqu'il maltraite d'une manière si fâcheuse ceux qui soutiennent le plus son parti ? C'est pourquoi c'est un oracle du Saint-Esprit, que celui qui se dispose à servir Dieu doit se préparer à l'épreuve.

Le ciel ayant donné, par un amour extraordinaire, le grand saint Jean, l'évangéliste, pour conducteur à sainte Élisabeth de Hongrie (nous écrivons ceci le jour de la fête de cette admirable sainte), cet aimable favori de Jésus et de Marie lui prédit que les croix ne lui manqueraient pas. C'est la grande grâce de tous les amis de notre Sauveur, qui, entre plusieurs souffrances qui leur arrivent, ont toujours bien à souffrir du monde. Si l'on se sépare des compagnies, pour penser plus sérieusement à son salut, il crie contre la mauvaise humeur ; si l'on est sérieux dans la conversation, il dit que c'est une dévotion qui fait peur, que cela rebute les gens, que cette manière d'agir dégoûte du service de Dieu ; si l'on est gai et de bonne humeur, aussitôt on en fait des sujets de raillerie, disant que les dévots se réjouissent aussi bien que les autres, qu'il est aisé d'être dévot de la sorte ; s'il arrive quelque accident fâcheux dans les affaires, ou des pertes de biens, on s'en prend aussitôt à la dévotion, on se plaint que l'on ne prend pas le soin nécessaire du ménage, quoique cela soit faux, et que l'on y fasse tout ce que l'on peut ; si les personnes ont un naturel incommode, et tombent en quelque faute, on se prend de tout à la dévotion, dit le grand saint François de Sales ; enfin, toute la vie de ceux qui servent Dieu est mise à l'examen, sans se mettre beaucoup en peine des injustices que l'on commet dans les jugements que l'on en porte.

Mais il faut avouer qu'il y a des personnes qui sont mises à l'épreuve fortement, et qui semblent ne vivre que pour être un but de contradiction. Celle des langues est une des plus sensibles par les médisances, les calomnies, les railleries, et mille discours offensants. Si l'on tombe en quelque véritable faute, vous diriez que c'est rendre une grande gloire à Dieu de la rendre publique. Si c'est une faute qui ne soit pas considérable, l'esprit humain est ingénieux à trouver des biais qui la font passer pour faute d'importance ; et quelquefois ces fautes légères donneront sujet à une grande persécution. Il est rapporté dans la vie du saint homme, le père Jean de la Croix, qu'après toutes les informations que l'on fit de sa vie, les articles donnés contre lui, quand ils eussent été véritables, n'étaient que des péchés véniels. Cependant quel bruit et quelles tempêtes ces informations ne firent-elles pas ? Si l'on ne peut pas nier les actions de vertu qui éclatent, on les blâme d'hypocrisie, on attribue les grâces particulières au démon, on soutient que la conduite n'est qu'illusion et tromperie. Si l'on parle simplement de quelque miséricorde que l'on a reçue de Notre-Seigneur, on crie au défaut d'humilité. Si l'on garde le silence dans les accusations dont on est chargé, on tire de là des preuves que l'on est coupable, on soutient que l'on est obligé, en bonne conscience, de se justifier, et qu'il y va de l'honneur de Dieu. Si on parle, on dit que les saints ne disaient mot. Si on croit en certaines occasions devoir dire ses pensées, on juge que c'est orgueil. Vous diriez que les esprits des hommes ne sont remplis que de pensées d'opposition pour ces personnes. On approuve ceux qui les maltraitent, on juge qu'elles en doivent bien de reste à ceux qui les offensent davantage. Tout est bien dans les autres, tout est mal dans celles-ci. Voici ce qu'en dit la Recluse de Flandre en son excellent livre de la *Ruine de l'amour-propre* : Si l'on peut apercevoir quelque impression naturelle en laquelle il n'y aura pas de péché, l'on en fera de grands vices, et on dira : *Voilà cette sainte personne* ! Et ceci arrive, non-seulement par des personnes séculières, mais même des plus spirituelles, et quelquefois du confesseur, qui ne sait que penser de son pénitent. Il n'y a calomnie qui ne se mette contre cette créature ; et, par de faux rapports de gens qui pensent bien dire, celle qui était auparavant eu honneur, en crédit, et estimée de tous les plus parfaits et vertueux, la voilà méprisée, moquée et abandonnée de toutes les créatures ; et, qui pis est, il semble que les esprits, et Dieu même, se bandent pour faire endurer cette personne.

Nous en ferons voir, avec le secours du ciel, un illustre exemple à la fin de ce petit ouvrage, en la personne de sainte Thérèse, renvoyant le lecteur qui en voudra savoir davantage, au livre de l'*Esclavage de l'admirable Mère de Dieu*, où nous en avons rapporté quantité d'exemples. Il suffit de dire ici, que le grand serviteur de Dieu, le père Balthazar Alvarez, de la Compagnie de Jésus, confesseur de la sainte que nous venons de citer, et dont elle avait appris par révélation qu'il n'y avait personne au monde qui le surpassât en perfection, eut étrangement à souffrir du côté des hommes, et même de quelques-uns de sa compagnie. Il y eut de faux témoignage contre lui, il fut chargé d'une faute notable dans une congrégation générale de sa société : on lui attribuait les fautes de ses disciples, qui ne parlaient pas comme il faut de l'oraison. C'est l'une des injustices des hommes, d'attribuer aux directeurs les manquements de ceux qu'ils dirigent. Sainte Thérèse assure qu'il n'eut pas peu à souffrir, à raison des jugements que l'on faisait d'elle. On se prenait de tout à lui.

Après tous les discours que l'on peut tenir des personnes, l'on en vient à l'état. Voici comme en parle sainte Thérèse, au chap. II du *Chemin de la perfection* : souvent on nous tient de tels propos (elle parle de l'oraison) : Cela est plein de dangers ; une telle s'est perdue par-là, l'autre a été déçue, cette autre qui priait beaucoup est tombée ; cela fait tort à la vertu ; cela n'est pas bon pour les femmes, d'autant plus qu'elles pourraient avoir des illusions : il serait plus à propos qu'elles filassent : le *Pater* et l'*Ave* suffisent.

Au milieu de toutes ces persécutions, souvenez-vous bien que toutes les créatures ne sont rien devant Dieu, et qu'ainsi vous ne devez pas vous mettre en peine d'être attaquée par le rien. Mon Dieu, vous voila bien embarrassée, ô pauvre âme ! Pourquoi vous tourmentez-vous de rien ? Apaisez un peu votre esprit, rentrez en vous-même, ce n'est rien. Oh ! Que vous découvrirez clairement cette vérité dans l'instant de votre mort ! Courage ! le monde passe bientôt, et plus tôt pour vous que vous ne pensez. Après votre mort, que vous nuira la contradiction des langues, le mépris des hommes, les humiliations en votre honneur ? Quoi ! Toutes les créatures ensemble ne sont rien devant Dieu ; leurs paroles sont donc moins que rien. Ce qui vous inquiète est donc moins que rien. En vérité, n'est-ce pas une folie ? Quelques lumières que vous ayez par des clartés infuses et surnaturelles, ou par la science acquise, fussiez-vous le plus savant de l'univers, si vous ne savez parfaitement cette science de rien, vous êtes bien éloigné du royaume de Dieu. Mais il faut que cette science soit mise en pratique, il est facile d'en avoir des preuves : si vous vous mettez encore en peine du qu'en dira-t-on, marque infaillible que vous ne l'avez pas. Écoutez, spirituel, vous êtes encore bien dans les ténèbres, si vous vous inquiétez de l'estime des hommes. Dieu seul, Dieu seul, Dieu seul suffit. Éprouvez-vous à cette pierre de touche.

N'attendez donc jamais grand'chose de ces gens qui sont si curieux d'honneur, de réputation, qui sont si sensibles à ce que l'on pense ou que l'on dit d'eux. Encore remarquez l'inutilité de leurs peines ; car ces gens au point d'honneur, qui, par politique, tâchent de gagner tous les cœurs et qui n'oublient rien pour contenter tout le monde, avec tous leurs effets, je parle même de ceux qui passent pour les plus obligeants de la terre, dont on dit qu'ils plaisent à un chacun, ne laissent pas de recevoir des coups secrets qui touchent au vif et qui leur donnent à penser bien davantage. Combien faut-il que ces gens fassent de lâchetés, et souvent de péchés, pour ne pas irriter les créatures ! Combien de trahisons contre leur conscience combien de dissimulations sur le vice, le laissant impuni ! Combien de malversations dans leurs charges ! Combien d'épouvantables crimes en la présentation ou collation des bénéfices ! Combien de désordres soufferts dans les particuliers et dans les communautés !

Tenez pour maxime de ne jamais rien faire pour plaire aux hommes, de n'omettre jamais rien, de peur de leur déplaire. Laissez la créature, n'envisagez que Dieu seul. Il y a de certaines choses indifférentes qu'il faut quitter, à l'exemple du grand Apôtre, quand elles font bruit, et que les faibles s'en scandalisent. Mais il faut tenir ferme à faire le bien, malgré la contradiction des langues, à l'imitation du Fils de Dieu, qui continuait à manger avec les publicains et les pécheurs, pour prendre de là occasion de les retirer de leurs vices, laissant murmurer les scribes et les pharisiens, qui en étaient scandalisés et qui en faisaient de grands murmures. Qui voudrait faire autrement priverait Dieu d'une grande gloire qu'il reçoit de quantité d'excellentes actions qui se font, et le démon empêcherait facilement les plus grands biens, lui étant aisé de susciter des bruits et des scandales pour les ruiner. Le grand serviteur de Dieu dont nous avons parlé, le père Balthazar Alvarez, souffrant beaucoup, comme il a été dit, à l'occasion de sainte Thérèse, la direction qu'il en avait faisant bien murmurer, il lui manda qu'il ne lui manquerait jamais, malgré tous ces bruits et murmures. C'était un homme qui ne regardait que Dieu seul. Sa sainte était fort convaincue du mépris que l'on doit faire des discours des hommes au sujet de la pratique des vertus ; c'est pourquoi elle dit ces paroles : Si les hommes disent qu'il n'est pas bon de fréquenter si souvent la communion, lors on s'en approche plus souvent, s'ils disent qu'il y a du péril dans l'oraison, le serviteur de Dieu tâche de faire valoir combien l'oraison est bonne. Elle dit de plus : Ne vous laissez pas séduire par qui que ce soit qui vous montre un autre chemin que celui de l'oraison. Si quelqu'un vous dit qu'en cela il y a du danger, tenez-le lui-même pour dangereux. Fuyez-le, ne laissez jamais écouler ceci de votre mémoire. De dire que le chemin de l'oraison soit périlleux, Dieu ne le permet jamais. C'est une invention du démon que de jeter de telles frayeurs. Considérez, d'autre part, le grand aveuglement du monde qui ne voit pas les millions d'âmes qui se perdent par faute d'oraison ; et, si quelqu'un tombe dans ce chemin, il remplit de crainte les cœurs. Pour moi, je n'ai jamais remarqué de ruse du démon plus pernicieuse.

Finissons ce chapitre par ces paroles de l'Écriture : *Ne savez-vous pas que l'amitié de ce monde est ennemie de Dieu ?* (Jac. IV, 4) C'est ce qui fait dire au divin Paul : *Si je plaisais aux hommes, je ne serais pas serviteur de Jésus-Christ.* (Galat. I, 10) Je vous laisse à méditer ces vérités à loisir, et puis vous verrez s'il faut se mettre en peine de l'amitié des hommes, et avoir soin de leur plaire.

7

DE LA CONTRADICTION DES BONS

Ceux qui sont à Jésus-Christ et à sa très-sainte Mère souffrent des hommes en des manières différentes. Il y en a qui les persécutent par envie, jalousie, vengeance ; parce que leur bonne vie est contraire à leurs œuvres ; parce qu'ils ne peuvent supporter la lumière de leurs ardeurs ; parce que l'ardeur de leur zèle travaille à la destruction de leurs mœurs corrompues, à les réformer et à établir une sainte discipline. Il y en a d'autres qui les poursuivent, pensant rendre service à Dieu, agissant avec des intentions droites et bonnes. Or, entre ceux-ci il s'en rencontre qui poursuivent les gens de bien sans commettre aucun péché, Dieu permettant qu'ils aient des fondements justes pour le faire. Le père Louis Dupont, de la compagnie de Jésus, en la Vie du père Balthazar Alvarez, rapporte sur ce sujet l'exemple du glorieux saint Joseph, qui soupçonna la très-sainte Vierge d'un crime, sans aucune faute de sa part, parce qu'il la voyait enceinte et ne pouvait pas savoir la conception du Verbe en ses entrailles par l'opération du Saint-Esprit.

Il est vrai que le nombre de ces personnes est très rare, la corruption de la nature, l'amour-propre, les recherches secrètes du propre intérêt se rencontrant presque partout. Souvent donc la nature corrompue se mêle avec les intentions les plus droites, soit parce qu'on prend les choses avec trop de chaleur, qu'on les pousse trop avant, que l'on veut en venir à bout avec trop d'empressement, que l'on a peur de paraître y avoir été trompé ; soit parce qu'on se laisse trop prévenir, se rendant trop facile à écouter les accusations, se préoccupant l'esprit, se remplissant la mémoire des fautes que l'on objecte, sans penser avec assez de loisir aux raisons contraires, soit parce qu'on donne trop de lieu à l'opération du démon, qui, voulant, dans ces occasions, s'emparer de l'imagination, grossit les espèces, remue et agite les passions, en sorte que l'on est peu susceptible des véritables raisons que l'on n'entend presque pas. Nous en avons un illustre exemple en la personne de l'un des supérieurs du vénérable père Jean de la Croix, qui ne cessa d'exercer le serviteur de Dieu d'une façon très fâcheuse, jusque-là qu'il avait peine qu'on allât le voir ; et l'histoire nous apprend que son imagination était occupée par un démon, ce qui rendait inutile tout ce qu'on pouvait lui dire à l'avantage du saint homme, et le tenait toujours en colère et dans l'aigreur. Or, ces personnes, avec toutes leurs bonnes intentions, ne lassent pas d'être coupables : après avoir servi à Dieu pour purifier et sanctifier ses meilleurs serviteurs, elles sont châtiées en ce monde ou en l'autre vie dans le purgatoire par de grandes peines, comme l'histoire des saints nous l'apprend. Il est vrai que ces personnes ne voudraient pas agir de mauvaise foi ; mais il y a de leur faute à se laisser tromper, soit pour les raisons qui ont été dites, soit pour d'autres. Enfin c'est une chose fâcheuse de faire souffrir les serviteurs de Dieu, avec toutes les bonnes intentions que l'on a, et le démon s'en sert pour ses desseins.

Dieu tout bon a sa gloire pour fin dans l'exercice de ses serviteurs et la sanctification de leurs âmes, et il établit son règne d'une manière admirable par les travaux et les persécutions qu'ils souffrent, de telle sorte qu'il accomplit ses plus grands desseins par la voie des croix, voie cachée à la prudence des hommes qui ne peuvent se persuader que les humiliations et anéantissements soient des moyens avantageux pour faire le bien ; car quelle apparence qu'un homme dans les fonctions apostoliques y réussisse mieux par les rebuts, les délaissements, les calomnies et autres souffrances ? Ne semble-t-il pas qu'un homme de la sorte a besoin d'une haute réputation, de l'estime et de l'amitié des créatures ? Cependant, qu'on regarde l'adorable Jésus, les saints apôtres qui ont converti l'univers, les plus grands saints dont la divine Providence s'est le plus servie, et vous les verrez accomplir tous les grands desseins de Dieu, étant accablés sous ces sortes de croix.

C'est ce qui fait que Dieu ne permet pas seulement qu'ils soient exercés par les méchants, mais encore par les bons. Ce serait peu de souffrir par des personnes dont les témoignages ne font pas toute l'impression possible sur les esprits : il est à propos de souffrir par des gens de probité, dont on ne puisse pas rejeter facilement les sentiments. Tels étaient ceux qui persécutaient sainte Thérèse ; leur autorité était si grande, et leur vertu si considérable, que c'était beaucoup les offenser que de ne les pas croire, comme dit le prélat qui a écrit la vie de cette sainte. Aussi le saint père Pierre d'Alcantara, remarque bien que c'était l'un des plus grands travaux qu'elle eût soufferts, que la persécution des bons. Les piqûres des mouches à miel, disait Notre-Seigneur, sur ce sujet, à une sainte mère, sont bien plus douloureuses que celles des autres mouches. On ne manque pas de dire que les accusations sont prouvées, puisque des gens de probité condamnent ceux contre lesquels elles sont faites. On croit que ces gens qui ne sont pas des novices en fait de vertu, et qui ont beaucoup de lumières, ne se trompent pas ; et quand même la passion y serait mêlée, l'on ne pourrait se la persuader. Ainsi l'on conclut, sans hésiter, à la condamnation des personnes, sans en avoir le moindre remords de conscience ; et voilà l'anéantissement de ces âmes exercées que Dieu prétend sanctifier par ses voies, ce qui n'arriverait pas si les méchants étaient les seuls qui leur fussent opposés.

Le démon, au contraire, a bien d'autres fins dans ses contradictions, s'en servant pour empêcher mille biens qui arriveraient par le moyen des serviteurs de Dieu persécutés, les décriant, ou au moins rendant leur conduite suspecte, afin que l'on ne prenne aucune confiance en eux, voyant bien que Dieu leur accorde des grâces extraordinaires dans leurs emplois. Quelquefois même il se transforme en ange de lumière, paraissant à de certaines personnes à qui il donne des avis conformes à ses desseins, pour détourner les âmes de se servir des serviteurs de Dieu, colorant les choses de beaux prétextes de la gloire de Dieu et du bien des consciences ; et s'il arrive que ces illusions soient prises pour des révélations divines, il mène les choses à des extrémités incroyables : ceux qui s'y arrêtent se persuadent agir par les ordres de Dieu. Que les personnes de probité prennent garde de ne pas seconder les desseins de cet esprit infernal, et qu'elles apprennent une bonne fois que, quoique l'on y pense pas, souvent l'on donne lieu à ses entreprises, même avec de très bonnes intentions, dont il ne laisse pas de profiter, comme nous l'avons dit plusieurs fois.

8

DE L'ABANDONNEMENT DES CRÉATURES, ET PARTICULIÈREMENT DES AMIS

Nous nous plaignons souvent de ce qui doit faire le sujet de nos joies ; et lorsque nous pensons être les plus misérables, c'est alors que nous sommes les plus heureux. Cette vérité est tout éclatante à ceux qui se servent des lumières de la foi au sujet des délaissements des créatures et spécialement des amis. Il est vrai que l'abandonnement, surtout des personnes amies, des proches, ou de ceux que l'on a beaucoup obligés, est une des choses du monde les plus sensibles. Le bienheureux Henri de Suso ayant été accusé par une malheureuse femme qui lui porta même, et lui laissa entre les mains, un enfant qu'elle prétendait être de lui, voulant se consoler avec quelques-uns de ses amis spirituels, en fut grandement rebuté : ils ne voulurent pas même lui parler. C'est ce qui est assez ordinaire, on ne voit pas volontiers les personnes humiliées. Or le saint homme avoua que ce lui fut un coup très sensible. Mais le prophète parlant en la personne de notre débonnaire Sauveur, ne marque-t-il pas que le délaissement de ses amis lui a été une affliction bien rude et une douleur extraordinaire ?

Cependant le chrétien, qui est un homme de grâce, dont la vie est surnaturelle, trouve des biens inestimables dans les privations les plus rigoureuses de la nature. Enfin c'est tout dire, que l'on trouve Dieu. Où il y a plus de créatures, on y rencontre Dieu seul. Ô douces et aimables vérités, qui faites le paradis des âmes ! Hélas ! Si les hommes vous entendaient ! L'esprit d'amour, dit l'histoire de sainte Catherine de Gênes, lui ôta tous ses amis, et les personnes spirituelles dont elle recevait quelque soulagement, et elle demeura seule, abandonnée, tant de dedans que de dehors ; il la priva même de son confesseur. C'est que Dieu en voulait faire une créature toute divine : aussi cette sainte a été incomparable dans le pur amour de Dieu seul. Saint Paul vivait pas, il n'y avait que Jésus seul en l'homme apostolique ; mais il fut élevé à une possession glorieuse par les privations extrêmes. Ô mon Dieu, que les conduites de la Providence sont admirables ! Le grand Apôtre se trouva délaissé des Galates, il devint même leur ennemi pour leur avoir dit trop franchement leurs vérités : il se trouva rebuté de ces peuples dont lui-même dit des merveilles en parlant de l'amitié qu'ils lui avaient témoignée, jusque-là qu'ils l'avaient reçu comme un ange du ciel, comme Jésus-Christ lui-même ; et pour ainsi parler (ce sont les termes de l'Apôtre), ils se fussent arraché les yeux pour les lui donner, s'il en eût eu besoin. (*Galat.* IV, 15) Ne déclare-t-il pas dans la seconde Épître à Timothée, qu'il s'est trouvé abandonné de tout le monde ? Mais en même temps il ajoute que le Seigneur l'a assisté ; tant il est vrai que Dieu est où les créatures manquent.

Mais y a-t-il jamais rien eu de semblable à l'humanité sainte de l'adorable Jésus, qui a été unie hypostatiquement au Verbe divin ? En sorte qu'il est vrai de dire que Jésus est Dieu ; et ensuite, chose admirable, il est certain que les abandonnements qu'il a portés, sont incomparables. Il est trahi par un de ses disciples ; le premier de ses apôtres le renie ; tous le quittent ; les anges le laissent à la cruauté de ses ennemis ; il se sépare de sa sainte Mère, la laissant au pied de la croix ; le Saint-Esprit le conduit au sacrifice, comme l'enseigne l'Apôtre ; le Père éternel l'abandonne ; il se délaisse lui-même, en sorte que ses sujets, ses créatures, le ciel, la terre, et, comme remarque un excellent auteur, son Père, sa Mère, le Saint-Esprit, et Jésus même ne font qu'un corps pour affliger Jésus. Toutes les puissances divines, célestes, humaines et infernales s'unissent pour le tourmenter.

Ces vues, si l'âme en est un peu pénétrée, donnent plus d'envie de l'abandonnement des créatures que de crainte. Non, non, que la nature frémisse tant qu'elle voudra, que l'esprit humain raisonne tant qu'il lui plaira ; ce spectacle d'un Dieu-Homme ainsi délaissé, inspire un amour incroyable pour tous les délaissements possibles. Quel moyen, après cela, de n'en être pas saintement passionné, de ne pas soupirer d'amour après ces aimables abandonnements ? Quel bonheur d'y avoir quelque part, et combien s'en doit-on tenir heureux ! Quelle fortune comparable à celle qui nous fait entrer dans les états du Roi du ciel et de la terre ! Le dessein que j'ai pris de ne faire qu'un petit abrégé de cette matière en cet ouvrage, m'arrête : il y aurait de quoi écrire ici pour le reste de la vie.

Ô les douces, heureuses et agréables nouvelles, lorsqu'on nous vient dire que tout le monde nous quitte, et les personnes mêmes dont on ne l'aurait jamais pensé ! Allez, dit l'âme, allez, créatures ; retirez-vous, à la bonne heure. Vos éloignements nous sont de douces approches du Créateur. Ah ! Que l'échange en est heureux ! Dieu pour la créature, répétons-le, Dieu pour la créature ! Ô mon âme, quelle tromperie plus funeste que de chercher la consolation dans l'être créé ! Consolations trompeuses, vous êtes de grandes et véritables désolations. Voici ce qui arrive. Nous faisons à peu près comme ces gens qui tombent dans quelque abîme ; ils se prennent partout où ils peuvent, de peur d'y tomber. S'ils rencontrent quelque chose où ils puissent se prendre infailliblement, ils s'y arrêteront. Hélas ! voilà ce que font les pauvres créatures qui sont attirées et appelées à la glorieuse perte d'elles-mêmes, en l'abîme de l'être de Dieu par l'union de sa grâce ; elles s'attachent à ce qu'elles rencontrent, il faut qu'elles ne trouvent plus rien pour se laisser abîmer. Ô abîme divin, ô mon cher abîme, qu'à jamais ma chétive âme soit perdue en toi pour ne se trouver jamais !

Ô merveilleux et terrible exemple de nécessité, de tout quitter pour tout trouver. Les apôtres, après la résurrection, n'aimaient pas seulement Jésus leur bon maître comme homme, mais comme Fils de Dieu ; mais parce qu'ils l'aimaient pour leur consolation, pour leur satisfaction, il est obligé de leur dire, qu'il est expédient qu'il se retire d'eux. Apprenez de là, ô âmes qui souffrez des abandonnements intérieurs, qu'il est utile de les porter. Sainte Madeleine tourne le dos aux anges qui lui parlent, quoi qu'elle en pût recevoir des consolations indicibles : car il est vrai que les anges et les saints ne sont que des moyens pour aller au Créateur, et qu'il faut s'en séparer quand ils en divertissent ; comme il arrive quelquefois aux âmes élevées, lorsqu'elles sont actuellement dans l'oraison d'union. Mais il y a bien plus : il faut même mourir à Jésus dans le sens qu'il a été dit, pour ne vivre qu'à

Jésus, pour Jésus et de Jésus. C'était la pratique du divin Paul, qui protestait ne connaître plus Jésus selon la chair, en tant qu'il peut satisfaire à l'amour-propre. (*II Cor.* v. 16) Il y faut tellement voir Dieu, que le divin Sauveur ne peut souffrir qu'on l'appelle bon, quand on ne le considère que comme un saint ou un prophète. *Notre bon Maître*, lui dit-on ; quelles paroles mieux dites ? et cependant il ne peut les souffrir. Aussitôt il répond : *Il n'y a personne de bon que Dieu.* (*Matth.* XIX, 17) Disons donc toujours : Dieu seul, Dieu seul, Dieu seul.

∼

ORAISON À LA TRÈS-SAINTE VIERGE
LA CONSOLATION DES AFFLIGÉS

Sainte Vierge, ce n'est pas sans sujet que les chrétiens de toute part ont recours à vous, comme Notre-Dame de Consolation. C'est avec grande justice que l'Église chante que vous êtes la consolation des affligés, puisqu'il n'est pas possible de jeter les yeux avec une intention chrétienne sur tout ce qui s'est passé durant le cours de votre sainte vie toute pleine de croix, sans en être puissamment consolé. Ne pouvoir douter sans crime que vous êtes la Mère de Dieu, savoir d'autre part qu'il vous a donné pour partage en ce monde la pauvreté, le mépris et la douleur, c'est être dans la dernière conviction que ces souffrances sont les plus riches présents du ciel. Après cela, quel moyen de n'être pas consolé, de ne pas surabonder en joie de se voir honoré de ces faveurs ? Sainte Vierge, que ces vérités ne nous partent pas de devant les yeux, et que votre amour soit toujours dans notre cœur pour en faire un saint usage. Ainsi soit-il.

LIVRE III

1

DES PEINES D'ESPRIT, ET PREMIÈREMENT DES TENTATIONS D'INFIDÉLITÉ ET DE BLASPHÈME

Un auteur a fort bien dit que comme les croix intérieures des chrétiens sont une expression ou imitation des croix intérieures de Jésus-Christ, et que comme cette vie crucifiée par des peines qui ne se voient point, représente la vie cachée d'un Dieu-Homme qui renferme ses plus grandes merveilles ; de même ceux qui les portent, sont les plus belles images de ce divin Sauveur. Les autres martyrs ont les anges et les hommes pour spectateurs, ceux-ci n'ont que Dieu seul pour témoin ; c'est ce qui rend ces états plus saints, puisqu'ils vous mettent hors de la complaisance des créatures, qui savent peu plaindre ou peu louer ce qu'elles ne voient et n'entendent pas. Au reste, ces souffrances surpassent de beaucoup toutes les peines extérieures, qui sont des croix douces quand l'esprit est satisfait. C'est ce qui a fait dire à sainte Thérèse que les travaux des contemplatifs étaient incomparablement plus rudes que tous ceux de la vie active.

Pour commencer à en traiter, il est à propos de

descendre dans le particulier, et premièrement de parler des peines qui arrivent au sujet des tentations contre la foi. Ceux qui auront quelque expérience de cette sorte d'exercice avoueront qu'il est plus rude et le plus terrible de tous. C'est dans cette épreuve que l'âme peut dire ces paroles d'un prophète : Il *a fermé mes voies avec des pierres carrées* (Thren. III, 9) ; car toutes les avenues en sont bouchées à la consolation. Dans les autres, il reste au moins une consolation, qui est la pensée de Dieu, je veux dire la foi qu'il y en a un ; car, pour le souvenir actuel et connu, souvent il est ôté dans plusieurs autres tentations. Mais ici le doute vient qu'il n'y en a point. De quel côté donc pourrait-on se consoler ? De la part de la terre ? Hélas ! C'est ce qui ne se peut. Du côté du ciel ? Il semble qu'il manque. De la vie présente ? C'est où l'on trouve ses peines. De l'autre vie ? Il parait qu'il n'y en a point. En vérité, cette épreuve est étrangement pénible.

Les âmes néanmoins ne doivent pas s'abattre sous ces croix. Elles doivent savoir que Dieu tout bon les a fait porter à plusieurs de ses saints. Un grand nombre d'élus ont marché dans cette voie. De notre temps, on a vu la vertueuse mère de Chantal pleurer à chaudes larmes, disant qu'elle se voyait sans foi, sans espérance et sans charité. On a vu un saint, général d'un ordre réformé, tellement travaillé de cette tentation, lui qui consolait tous ceux qui étaient tentés, par ses avis et ses livres spirituels, étant un grand maître de la vie intérieure, qu'il était obligé de crier à haute voix : *Je crois, je crois*, demandant ensuite aux religieux qui étaient auprès de lui s'ils lui avaient ouï prononcer ces paroles.

Que faut-il donc faire dans cette épreuve, sinon de se donner bien garde de raisonner, ne se laissant pas aller à un artifice du malin esprit, qui nous suggère qu'il est à propos de chercher des raisons pour nous délivrer de cette tentation. L'expérience fait assez voir que c'est le moyen de s'embarrasser davantage. Mais je vous dis de plus : Fuyez en cette rencontre le combat avec le démon. Si une fois vous venez aux prises par le raisonnement de cet esprit artificieux, vous êtes pris, et votre perte est comme assurée. On rapporte d'un savant homme qui se mourait, que le démon ayant pris la forme humaine, et s'étant travesti en la personne d'un docteur considérable qui paraissait lui rendre une visite de civilité, il pensa être perdu, ayant voulu raisonner avec ce démon déguisé, sur les matières de la foi. Bien lui en prit d'avoir jeté les yeux sur une image de la sainte Vierge, qui était proche de son lit : car ce regard d'amour mit en fuite l'ennemi, et, sans ce secours de la Mère de toute miséricorde, c'était fait de son salut. Saint François de Sales assurait que sans un secours extraordinaire du ciel, il eût succombé à une tentation très subtile contre le très saint sacrement de l'autel ; tentation si dangereuse, que jamais ce grand évêque ne l'a voulu dire, en prévoyant le danger. Toutes les hérésies ne viennent que de la liberté qu'on prend d'examiner les vérités de la religion, s'appuyant sur ses propres lumières, sur son raisonnement, sur les interprétations que l'on donne à l'Écriture, aux conciles, aux décisions des souverains Pontifes, contre la doctrine du grand Apôtre, qui enseigne clairement qu'il faut captiver l'entendement sous l'obéissance de la foi. (*II Cor.* X, 5) Car que veut-il dire par cette captivité, sinon de le tenir arrêté et lié sous l'obéissance de la foi, croyant simplement ce que Dieu nous a révélé par lui-même ou par son Église, assujettissant son esprit sous les décisions des conciles des Souverains Pontifes, auxquels le Fils de Dieu a donné de confirmer leurs frères dans la foi. Nous devons être sages par l'expérience de tant de siècles, qui nous apprennent que les hérétiques n'ont pas manqué de raisons spécieuses, subtiles et fortes en apparence ; se servant de l'Écriture, qu'ils citaient continuellement, aussi bien que de l'autorité des Pères ; mettant au jour de beaux ouvrages qui charmaient les esprits par la douceur de leur style, la beauté de leur éloquence ; plusieurs même gagnant les cœurs par les exemples d'une vie édifiante, austère, et dans le mépris du siècle. Mais parce qu'ils manquaient d'une sincère soumission au chef de l'Église et aux conciles, ils ont erré malheureusement, aussi bien que tous ceux qui les ont suivis. Plusieurs royaumes ont perdu la foi de cette manière. Ô bienheureux ceux qui, obéissant simplement au Pape et à l'Église, sont demeurés dans la véritable religion ! Les luthériens et les calvinistes, dans le dernier siècle, criaient hautement que le Pape se trompait, qu'ils voulaient un concile général ; ensuite, se voyant encore condamnés par le concile, ils disaient qu'il n'était pas légitime, à raison de la brigue du Pape ; et en disant toutes ces choses, ils se sont effroyablement trompés, et tous leurs adhérents, qu'ils ont engagés avec eux dans la condamnation éternelle. Ceux qui vivaient pour lors, qui s'en sont rapportés aux Souverains Pontifes et aux conciles, ont conservé la foi pour eux et pour leur postérité ; et si nous vivons dans un pays catholique, nous en avons l'obligation à leur obéissance. Le grand remède donc, dans ces tentations, est celui que conseillait saint François de Sales : prendre la fuite par la porte de la volonté, laissant celle de l'esprit raisonnant. C'est en cette matière que le conseil des Pères de la vie spirituelle doit avoir lieu, qui recommande tant l'abstraction. C'est pour lors qu'il est nécessaire de s'en servir, durant même le temps de l'oraison, se tenant dans une abstraction totale par un acte direct, évitant toutes les réflexions volontaires ; je dis volontaires, car l'on ne peut pas empêcher mille et mille pensées qui viennent de toutes parts, seulement il les faut laisser passer sans s'y arrêter, au moins de propos délibéré. Nous en avons appelé plus amplement dans notre livre *Du règne de Dieu en l'oraison mentale*.

Mais que fait-on, dira quelqu'un, durant cette abstraction ? L'on y pratique quantité d'actes excellents, comme nous l'avons montré dans le livre cité ci-dessus, et en particulier celui de la foi, qui est d'autant plus pur et plus en sureté, qu'il est moins connu et que le démon ne le peut combattre : ce qui le tourmente beaucoup ; test pourquoi il n'oublie rien pour faire descendre dans des opérations sensibles, afin qu'il y avoir lieu de combattre l'âme, à laquelle il ne peut rien faire tant qu'elle est retirée dans la forteresse de son fond au centre.

Mais comment pourrais-je produire des actes de foi lorsque j'en suis privé, dira celui qui est dans cette épreuve ? Je ne puis faire d'actes, disait la sainte mère de Chantal ; c m'est un martyre, quand je vois tout le monde savourer le bien de la foi, de m'en voir privée. C'est se tromper, répond un grand prélat ; l'on n'est pas privé de l'acte de la foi, quoiqu'il le semble, et qu'on ne l'aperçoive pas. Sous un grand tas de cendres chaudes il y a encore un charbon vif, et d'autant plus ardent qu'il est plus couvert, le feu enclos dans une fournaise étant bien plus actif que celui qui a l'air plus libre. Et en effet, il faut que la foi soit bien vive, pour retenir l'âme dans la crainte de Dieu au milieu de tous ces renversements. Hélas ! vous vous plaignez de n'avoir plus de foi ; et c'est la foi qui vous fait plaindre de la sorte. Si vous n'en aviez plus, pourquoi craindriez-vous le péché et les tentations ? Celui qui en est véritablement privé, comme les athées, s'abandonne à toutes sortes de crimes. Pourquoi vous tenez-vous avec respect devant le saint sacrement, pourquoi vous confessez-vous, si ce n'est parce que vous croyez ces sacrements ? Il est donc vrai que vous avez la foi, comme il est certain que vous ne la sentez pas.

Pour ce qui regarde les tentations de blasphèmes, elles ne sont pas si dangereuses ; elles font plus de peur que de mal, par l'horreur qu'elles impriment. Souvenez-vous que, quand tous les blasphèmes de l'enfer vous passeraient par l'esprit, vous n'en seriez pas moins agréable aux yeux de Dieu. Apprenez une bonne fois que les plus maudites pensées ne vous rendent point criminel ; c'est le seul, parfait et entier consentement de la volonté. Ne vous mettez pas en peine ; votre volonté, votre cœur n'est point librement dans ces horribles blasphèmes, non plus que dans les attaques contre votre foi. La tentation est si pressante, et le pauvre esprit si accablé, que l'on pense consentir quand on résiste. Tâchez de vous tenir le plus tranquille que vous pourrez, et surtout évitez le chagrin et l'inquiétude volontaire.

Ô mon cher Théophile, s'écrie l'illustre prélat du Bellay en sa *Lutte spirituelle,* si vous saviez le don de Dieu ! Ces tentations, que vous prenez pour des torrents qui ravagent votre foi, me sont autant de marques honorables de votre fidélité ; et tel sera, comme je le crois, le jugement de ceux qui ont quelque expérience en cette escrime ou lutte spirituelle. Vous la maudissez, et moi je la bénis ; et quand je la voudrais maudire, il ne serait non plus en ma puissance, qu'à Balaam de jeter des imprécations contre l'armée d'Israël. (*Num.* XXIV, 1 et seq.) Le démon, cet impudent, osa bien dire au Fils de Dieu, qu'il lui donnerait des royaumes, s'il voulait se prosterner devant lui et l'adorer. Si de semblables idées passent par votre esprit, vous en étonnez-vous, et pensez-vous qu'il redoute davantage le disciple que le maître ?

Finissons ce chapitre par les sentiments de sainte Thérèse. J'avoue, disait-elle, que tant plus je rencontre de difficultés à concevoir un mystère de notre foi, et tant plus j'ai d'inclination à le croire, et j'y ressens d'autant plus de dévotion. Mon esprit est aussitôt satisfait dans la difficulté, en me représentant que Dieu peut agir d'une manière que je n'entends point, et sans qu'il soit besoin qu'il nous le fasse comprendre, et que nous le trouvions agréable. Je me sens si forte, qu'il me semble que je m'opposerais à tous les luthériens pour la moindre cérémonie de l'Église. Cette grande sainte, en mourant, assurait qu'elle était consolée de mourir *fille de l'Église* ; la sainte sœur Marie de l'Incarnation ajoutait, et *fille de la très-sainte Vierge*. Que les âmes ne s'étonnent pas si ces inclinations et pensées ne leur sont pas sensibles : comme il a été dit, qu'elles demeurent dans la foi cachée dans leur fond, et qu'elles ne s'inquiètent plus de rien.

2

DES TENTATIONS DE RÉPROBATION, DE DÉCOURAGEMENT ET DE DÉSESPOIR

Sainte Thérèse écrit dans le chapitre premier de la *sixième demeure* du *Château intérieur* que le démon fait entendre à l'âme qu'elle est réprouvée de Dieu. Elle pouvait en parler par son expérience, ayant reçu ces plaies du ciel, pour parler avec l'évêque qui a écrit sa vie, comme si Dieu lui eût tourné le dos. Une de ses religieuses, dans le couvent d'Alve, fut tourmentée durant sept ans par les démons, qui lui mettaient dans l'esprit qu'elle était damnée sans ressource. Il me semble, dit sainte Catherine de Gênes, que je suis abandonnée de l'aide divin ; au moins je n'en ai aucun sentiment qui puisse être connu. Dans nos jours, le grand saint François de Sales a été tenté par ces épreuves ; il n'est pas possible d'écrire le grand nombre de bonnes âmes qui ont été rudement affligées de cette tentation.

Mais enfin, il n'y a point à douter. Dieu veut d'une volonté sincère notre salut. Il y a plus, il le veut davantage que nous ne le voulons nous-mêmes ; et il a plus fait pour nous sauver que nous ne ferons jamais, et même que nous ne pouvons faire : en vérité, c'est ce qui est infiniment consolant. Il est vrai, nous nous aimons, mais avons des attaches incroyables pour ce qui nous touche, pour nos propres intérêts ; mais il est encore plus véritable que Dieu a plus d'amour pour nous, pour notre bien, que nous n'en pouvons avoir. Que celui qui en doute, jette les yeux sur son anéantissement dans l'Incarnation ; qu'il regarde la crèche ; qu'il aille en esprit sur le Calvaire ; qu'il fasse bien attention à l'état de mort où il est depuis plus de dix-huit cents ans en la divine Eucharistie, en autant de lieux qu'il y a d'autels au monde où se célèbre le très saint sacrifice de la messe ; qu'ensuite il réfléchisse amoureusement sur cet article de la foi, qu'il est descendu des cieux pour nous autres hommes, et pour notre salut ; et puis qu'il il voie s'il y a la moindre apparence, la moindre ombre de pouvoir douter de sa bonne volonté pour le salut de nos âmes ; encore davantage, que son amour, pour rompre entièrement et ôter toutes les difficultés qui pourraient se présenter sur ce sujet, a voulu nous obliger, sous peine d'encourir sa disgrâce, de recevoir son précieux corps à la mort, son âme, sa divinité, comme s'il nous voulait dire : Ô pauvre âme, de quoi t'afflliges-tu ? Peux-tu avoir peur que je ne te donne pas mon paradis puisque je me donne à toi-même ? Et afin que tu sois plus assurée, non seulement je te permets de me recevoir, mais je te le commande, avec un amour si pressant, que tu ne pourras t'en priver, s'il est en ton pouvoir, sans perdre ma grâce et mon amitié. Les pensées de réprobation ne viennent pas de ce Dieu d'une miséricorde infinie, mais de l'ennemi de notre salut, par l'envie et la rage qu'il a conçue contre notre bien.

C'est pourtant une vérité certaine, que Dieu tout bon permet cet exercice pour le plus grand bien de nos âmes ; et on y doit se comporter à peu près comme dans les tentations de la foi. Le raisonnement n'y est pas bon ; je dis ordinairement, pour les personnes fortement tentées au sujet de la prédestination. C'est un labyrinthe à l'esprit humain dont il ne se tirera pas. Le secret est de faire, autant que l'on peut abstraction des pensées qui arrivent à ce sujet, n'y réfléchissant pas, au moins volontairement, s'abandonnant sans réserve à la Divine Providence, sans en examiner les desseins et les conseils, qui sont infiniment au-dessus de la portée de nos faibles esprit, allant toujours son chemin dans les voies de Dieu, et s'acquittant de ses devoirs ordinaires. Celui à qui un démon travesti en ange de lumière avait dit qu'il était réprouvé, fit un acte héroïque de pur amour, lorsqu'il prit là sujet d'en servir Dieu avec plus de soin et de fidélité. Hélas ! dit-il, si par mes fautes je mérite d'être damné et que je ne puisse aimer Dieu éternellement, au moins il faut que je l'aime en cette vie de la bonne manière. Ô mon âme, puisque nous n'avons qu'un certain nombre d'années bien courtes à aimer la divine bonté, aimons donc, aimons, il n'y a pas un moment à perdre. Récompensons, par la faveur du divin amour en ce monde, ce que nous ne pourrons pas faire en l'autre. Le démon fut grandement confus ; et voilà la manière excellente de le combattre, se servir de ses tentations pour en mieux faire.

Toujours, quoiqu'il arrive, on ne doit jamais se décourager, jamais s'abattre. Cette règle est si générale, qu'elle ne souffre aucune exception. Quelques prétextes donc dont vous puissiez servir, ne peuvent jamais donner de véritable lieu au découragement. Quand vous auriez commis tous les péchés de tous les hommes ensemble, ne vous découragez jamais : souvenez-vous que la rémission des péchés est un des articles de notre foi. Pensez bien à cette vérité, qu'il faut croire la rémission des péchés, sous peine de damnation éternelle. Mais, me direz-vous, je suis le plus grand pécheur du monde ; j'ai fait des abus et des profanations de sa grâce, qui vont au delà de tout ce que l'on peut penser. Ma vie s'est passée dans de continuelles récidives, après les lumières et faveurs extraordinaires du ciel. Non, tout cela n'épuisera pas la bonté infinie d'un Dieu. Dans la vérité, si nous avions affaire à une bonté limitée, comme celle des créatures, nous aurions tout sujet de craindre, mais une bonté infinie est le sujet de nos espérances : c'est lui faire une injure signalée que d'en désespérer, et c'est un des péchés contre le Saint-Esprit. Quand il ne vous resterait plus qu'un instant de vie, ne perdez pas courage ; il est encore temps d'éprouver les grandes miséricordes dans l'adorable Jésus.

Tous me direz encore que, depuis même que vous êtes dans le service de Dieu, vous ne faites que tomber : et moi je vous dis que vous ayez, avec le secours du ciel, à vous relever courageusement. Si vous tombez cent fois, mille fois par jour, relevez-vous autant de fois. Considérez une personne qui voyage, et qui fait bien des chutes : n'est-il pas vrai qu'en tombant et se relevant, enfin elle arrive où elle va, quoiqu'elle y emploie plus de temps que celui qui irait sans broncher, et qu'elle souffre plus de peine. Mais si cette personne, sous prétexte qu'elle a fait grand nombre de chutes, demeurait abattue dans la boue, sans doute qu'elle n'achèverait jamais son voyage, et que ce serait le plus grand mal qu'elle pourrait faire. Appliquez-vous ceci dans les voies du salut. Allez, servez-vous de vos chutes pour mieux avancer ; et jamais, sur toutes choses, de découragement. Mais je vous avertis de ne pas remettre à vous relever de vos fautes au temps d'une confession que vous préméditez. Quel plaisir y a-t-il de demeurer dans la boue et la fange, quand ce ne serait qu'un quart d'heure ? Faites en sorte que l'on puisse dire de vous : Aussitôt tombé, aussitôt relevé. Si vous me répliquez que vous tombez même dans quelques fautes notables : à la vérité voilà bien de quoi vous humilier, et de grands sujets de contrition ; mais après tout, reprenez une nouvelle vigueur dans le sang de Jésus-Christ, et sous la protection de la Mère de toute miséricorde : je ne me lasserai pas de vous répéter, ne vous découragez jamais. Ainsi, ce n'est pas une raison que celle que plusieurs âmes tentées apportent ordinairement, quand on leur propose l'exemple des saints qui ont porté des tentations semblables à celles qu'elles souffrent, que leurs peines ont bien une autre cause, qui ne vient que de leurs péchés ; car, après avoir considéré que souvent les saints apportaient de pareilles raisons durant le temps de leurs épreuves, je veux que ces souffrances soient des châtiments des crimes, cela ne doit pas faire perdre le courage ; bien au contraire, il n'y a rien qui soit plus capable de le relever. Dieu ne punit pas deux fois une même faute. Oh ! qu'il est doux, disait saint Bernard, que Dieu se mette en colère contre nous en cette vie, et de descendre en enfer tout vivant ! Ceux qui y descendront en cette vie, n'y descendront pas en l'autre.

Par la tentation, dit l'illustre prélat du Bellay, nous sommes châtiés saintement. Combien donc serions-nous injustes si, lorsque les tentations nous oppressent, nous pensions être abandonnés de Dieu, puisque c'est alors que sa charité nous presse davantage ! Tant s'en faut, dit saint Jérôme, que ce soit une marque d'être délaissé de Dieu, qu'au contraire c'est un signe particulier de son soin. La tentation marque élection. Ceux qui démon sont pas éprouvés, sont réprouvés. Le démon ne se soucie pas de tenter ceux qui sont à lui : il n'en veut fortement qu'à ceux qui sont à Dieu ; semblable en cela aux mâtins qui n'aboient qu'aux étrangers, et nullement aux domestiques de la maison. Oh ! quelle consolation, de se reconnaître par là étranger de ce cerbère d'enfer, et d'être domestique de Dieu ! Dieu, selon la multitude de sa colère, laisse le pécheur à son aise ; et selon la multitude de ses miséricordes, il le châtie en ce monde pour ne le pas perdre en l'autre. Quand sainte Thérèse eut révélation qu'il n'y avait personne au monde qui surpassât en sainteté le père Balthazar Alvarez, il était pour lors tourmenté des doutes de son salut. Une ville attaquée et battue par l'ennemi, c'est une marque qu'elle n'est pas à lui ; et d'autant plus qu'elle est forte, il y a plus de gens de guerre et de canons à la battre : si elle était prise, il n'y aurait plus ni d'assauts, ni d'attaques. Courage, ô âme qui êtes tentée, le grand bruit que l'ennemi fait au dehors, est un signe qu'il n'est pas au dedans.

3

DES SÉCHERESSES, TÉNÈBRES, DISTRACTIONS ET RÉPUGNANCES AUX BONS EXERCICES

Dieu, dit sainte Thérèse, met quelquefois l'âme dans une telle aridité, qu'il semble qu'il n'y ait jamais eu aucun vestige de vertu. Elle-même avait porté cet état dix-huit ans ou environ, cheminant par les déserts de la vie intérieure, sans qu'il lui fût permis de cueillir la moindre fleur, de celles mêmes qui y croissent pour les saints. Un père de la compagnie de Jésus, qui est mort de froid dans les neiges du Canada, n'a jamais eu que des sécheresses et de grandes peines intérieures au milieu de tous les travaux où l'engageaient ses fonctions apostoliques. J'ai connu un excellent religieux chartreux, qui a assuré à sa mort, que depuis son entrée dans la sainte religion, et il y avait quarante ans, il n'y avait eu que des aridités dans tous ses exercices.

Il y a des âmes qui ne marchent pas seulement dans les déserts, mais parmi les ténèbres. Dieu laisse quelquefois ignorer à l'âme ses propres défauts, parce qu'elle ne les pourrait pas supporter ; puis après, il lui en donne la connaissance, et la purifie. Nous en avons en grand exemple en sainte Catherine de Gênes, qui ne voyait pas de certains défauts qu'elle avait, quoique très avancée dans le chemin de la perfection ; de plus, durant bien des années, elle devenait de jour en jour plus ignorante des secrètes opérations de Dieu, afin que sa grâce demeurât en sa pureté.

Les personnes les plus saintes ne sont pas exemptes des distractions. Sainte Thérèse assure, au chap. 30 de sa vie, que quelquefois elle ne pouvait pas tenir son imagination l'espace d'un *Credo*, sans être distraite. Que diraient, s'écrie-t-elle, ceux qui m'estiment bonne, s'ils voyaient un tel dérèglement de pensées ! Saint Jérôme, au *dialogue contre les lucifériens*, rapporte que *fort souvent*, remarquez bien ce que dit ce Père, *fort souvent*, en son oraison, ou il se promenait par les porches et galeries, ou il s'occupait des comptes de profit et d'intérêts, ou emporté par une pensée déshonnête, il souffrait des choses qui sont honteuses à dire. Saint Grégoire, au livre X des *Morales*, enseigne que dans l'oraison, le ciel quelquefois et l'enfer sont resserrés ensemble, l'esprit étant élevé à la contemplation des choses célestes, et à même temps étant repoussé par les images d'une chose illicite. Saint Bernard au *Traité de la maison intérieure*, chap. XLIX, dit ces paroles : Lorsque je veux retourner à mon cœur, la saleté des désirs charnels et le tumulte des vices dissipent ma pensée. Au reste, plus le tumulte des pensées qui me pressent est grand, plus je dois insister et persévérer avec ardeur dans l'oraison.

Il y a des états où l'on devient comme insensible. Sainte Thérèse le rapporte d'elle-même, assurant que durant quelque temps elle était insensible au bien et au mal, comme une bête. Pour lors on peut bien dire avec le Prophète : *Ô Seigneur, je suis devenue comme une bête de charge devant vous*. (Psal. LXXII, 23) On est privé de tous ses sentiments dans l'exercice des vertus que l'on pratique souvent sans les connaître. La vertueuse mère de Chantal disait que cet état était un martyre ; et elle ajoutait que quelquefois tous ses sentiments et toutes ses puissances avaient dressé comme une garnison rebelle dans son cœur, parce qu'il arrive des répugnances et des aversions effroyables pour toutes sortes de bien, et pour tout ce qui est saint et de plus divin.

Le grand secret de toutes ces voies est de bien apprendre, premièrement, que le sentiment ou le défaut de sentiment ne nous rendent ni agréables, ni désagréables à Dieu, mais l'opération libre de la volonté qui coopère à la grâce, ou qui résiste au mal par son secours, ou bien qui s'y abandonne, se laissant aller au péché par sa liberté, et par défaut de coopération à la grâce qui lui est donnée pour l'éviter. Secondement, que les sécheresses et aridités sont des moyens plus efficaces pour l'union divine, que les goûts et les consolations, y ayant moins ordinairement de notre amour-propre, et plus d'amour de Dieu. Il faut ici remarquer un abus très commun très commun parmi les personnes de dévotion, qui la mettent où elle n'est point, et qui ne la mettent point où elle est. Nous en avons fait un chapitre dans notre livre *Du règne de Dieu en l'oraison mentale*. Nous dirons seulement ici que cet abus est de la dernière conséquence. Car comment pratiquer solidement la dévotion, si on la met où elle n'est pas ? Combien de ces personnes vous disent : Je n'ai point de dévotion, parce qu'elles n'ont pas le goût de la dévotion, et qu'elles sont dans les sécheresses, les aridités, les ténèbres ou les répugnances pour le bien ! Combien y pensent être fort élevées, à raison qu'elles jouissent de la douceur sensible ! Cependant souvent ceux qui pensent n'en avoir pas, en ont beaucoup, s'ils sont fidèles à leurs exercices, malgré leurs insensibilités et leurs aversions. Oh ! Qu'il fait bon d'aller dans cette voie, où la nature ne trouve pas son compte, où l'amour de Dieu fait agir pour Dieu ! Car pourquoi pratiquerait-on le bien puisqu'on n'y trouve aucune satisfaction, et que l'on y souffre bien du mal ? Le grand serviteur de Dieu, le père Jogues, de la Compagnie de Jésus, qui a souffert une cruelle mort dans le Canada pour la cause de Jésus-Christ, se voyant à demi rôti et mangé à belles dents par les barbares, et regardant des supplices nouveaux qu'on lui préparait, entra dans une épreuve terrible ; car souffrant des tourments inouïs extérieurement, il se trouva délaissé intérieurement sans aucune consolation, sans le moindre sentiment de piété, jusque-là qu'il lui semblait qu'il eût été plus heureux d'être une bête, comme une certaine dont il voyait la peau écorchée, que non pas un homme. À votre avis, ce grand homme n'avait-il point de dévotion en cet état ? Sans doute qu'il la possédait dans un degré héroïque ; en cela semblable à son divin Maître, qui, au milieu des douleurs de la croix, se trouva abandonné de son Père, et ce fut pour lors qu'il dit que tout était consommé. Notre Seigneur commandait à une personne d'une sainteté admirable, de réciter ordinairement le rosaire de la sainte Vierge ; et cependant d'ordinaire elle y sentait de grandes répugnances ; ayant le cœur plein de sécheresses, l'esprit de distractions, le démon lui mettant quantités de méchantes imaginations, en sorte qu'elle n'en pouvait prononcer les paroles qu'avec une très grande peine ; mais sa fidélité était à persévérer constamment à le dire, à mesure sur elle y avait plus de répugnance et de difficulté. Comme un jour elle voulait s'efforcer à avoir une attention plus sensible, la très-sainte Mère de Dieu l'avertit doucement qu'il ne fallait pas. Cette personne, dans le commencement de sa vie, regorgeait de consolation ; mais dans le progrès et à la fin elle en fut privée, et devint comme insensible. Les consolations sont les confitures que l'on donne aux petits enfants pour leur faire manger leur pain ; on le mange tout sec, quand on est plus fort et plus avancé en âge.

Pour les distractions, il faut prendre garde à ne s'y pas arrêter volontairement, et à en éviter les causes, qui sont les attaches à quoi que ce soit ; car l'attache à un objet en donne le souvenir, l'idée en revient souvent à l'esprit, ou le trop d'actions, de visites, de conversations qui ne sont pas nécessaires, qui remplissent tellement l'imagination d'espèces des choses créées, qu'à peine peut-on penser aux divines. Après cela, il se faut tenir en repos, ayant regret des causes que l'on a données aux distractions par le passé, et en portant l'effet comme une juste punition de la divine justice. Enfin on doit savoir, selon sainte Thérèse, que l'imagination est une volage, une coureuse, que l'on ne peut pas retenir comme l'on voudrait. Faire de grands efforts pour l'arrêter, c'est se gâter la tête et ruiner la santé ; à quoi il faut bien prendre garde, plusieurs s'étant rendus inhabiles par là, le reste de leur vie, à toutes sortes d'emplois. La même sainte assure qu'après y avoir soigneusement pensé, elle n'a pas trouvé de meilleur remède pour les distractions que de les mépriser, et qu'il faut traiter l'imagination comme une folle, la laisser là, et ne pas s'y amuser. De vrai, le soin que plusieurs prennent d'empêcher l'imagination de courir ne sert qu'à la rendre plus volage ; et au lieu d'en ôter les distractions, c'est s'en faire de nouvelles. Pourvu que le cœur ne soit pas distrait, demeurez en repos : Dieu voit bien au fond de votre âme que vous êtes à l'oraison pour l'amour de lui ; toutes ces distractions involontaires n'empêchent pas cette intention, quand elles dureraient tout le temps de votre oraison : au contraire, la souffrance qu'elles vous donnent, bien portée, vous unit plus à sa divine bonté que beaucoup de goûts et de sentiments. Faites réflexion sur ce que nous vous avons rapporté des saints Pères, qui ont donné connaissance à toute la postérité, non-seulement des distractions causées par des pensées indifférentes, mais par des pensées sales, ou d'autres très méchantes. C'est ce qui doit parfaitement consoler les âmes qui sont affligées par ces épreuves, les plus grands saints et les Pères de l'Église l'ayant été, et même l'ayant laissé par écrit : ce qui marque, cela soit dit en passant, qu'il est inutile d'écrire de ces états pénibles, comme il a déjà été remarqué ; que Dieu en tire sa gloire, et les pauvres âmes affligées leur appui et leur consolation. Hélas ! Nous étonnerions-nous si le feu agit sur le bois sec, puisqu'il agit de telle sorte sur le vert ? Combien les saints Pères des déserts ont-ils souffert d'aridités, de ténèbres, de distractions et de peines intérieures ! Disons encore que souvent dans la solennité des plus grandes fêtes, c'est pour lors qu'on est plus aride et plus sec, pour nous faire mourir mieux à l'amour de nous-mêmes, et à notre propre satisfaction.

4

DES TENTATIONS CONTRE LA PURETÉ

Les tentations contre la pureté viennent d'une nature faible, dont le feu de la convoitise s'allume par le trop bon traitement du corps, par l'oisiveté, par l'immortification des sens, et particulièrement de la vue, par la mollesse et le luxe des habits, par le trop de conversation et de liberté avec les personnes de différent sexe ; surtout par des amitiés, qui, quoiqu'elles ne soient point déshonnêtes, sont trop dans les sens, et ont trop de considération pour les qualités naturelles, soit du corps, soit de l'esprit : ou bien elles viennent de la trop grande crainte que l'on en a, ce qui sert à en imprimer plus fortement les idées dans l'imagination, ou bien du diable qui les donne, soit pour porter au péché, soit pour troubler l'âme, ou pour lui faire quitter l'oraison et les autres exercices de vertu.

Mais Dieu tout bon, qui les permet, en tire sa gloire et le bien des âmes. Il fait comme les jardiniers qui font venir des œillets, de la marjolaine et d'autres fleurs odoriférantes, sur le fumier. Les rébellions de l'appétit sensuel, dit le grand saint François de Sales, au livre IX *De l'amour de Dieu*, tant en l'ire qu'en la convoitise, sont laissées en nous pour notre exercice, afin que nous pratiquions la vaillance spirituelle en leur résistant. Plus l'or est éprouvé dans la fournaise, disait Notre-Seigneur à une sainte âme, plus il est pur ; tout de même, plus la chasteté est éprouvée dans la fournaise du feu de la concupiscence, à laquelle on n'adhère pas, plus elle est pure et belle. Ces tentations sont un réveille-matin qui excite toutes les vertus, savoir : l'humilité, la patience, la soumission à la volonté divine, l'amour de Dieu, la foi, l'espérance et tout le reste des autres vertus. N'est-ce pas ce qui faisait dire à l'Apôtre qu'il était fort dans sa faiblesse ? (*II Cor.* XII, 10) C'est pourquoi une personne d'une grande sainteté priant la très-sainte Vierge qu'elle délivrât une âme qui était affligée des tentations contre la pureté : Non, dit cette Mère de Dieu, je n'en ferai rien, je ne le ferai pas ; ce sera un des plus beaux fleurons de sa couronne : il n'y a point de victoire sans combat ; si on lui ôtait les tentations, on lui ôterait les occasions de combattre, de remporter plusieurs victoires, et de gagner autant de prix.

C'est ce qui doit beaucoup consoler les personnes qui sont affligées de ces tentations, qui, quoiqu'elles portent au péché, ne sont jamais pourtant un véritable péché, quelques effets qu'il en arrive, quand le consentement n'y est pas. La boue qui est jetée sur les rayons du soleil ne les salit pas ; de même, l'impureté des pensées ne donne aucune souillure à l'âme, si elle n'y adhère point. Ce serait une erreur, dit saint François de Sales, de s'imaginer que notre sens ou l'appétit sensitif soit péché, et une erreur condamnée par l'Église en l'opinion de certains solitaires anciens, qui pensaient que l'on pouvait tout à fait éteindre les passions, et non seulement les mortifier. Nous ne pouvons donc jamais être coupables, quoique la tentation bouleverse la partie inférieure, et révolte toutes les passions et tous les sens intérieurs et extérieurs, si nous ne cédons à cet orage volontairement.

Mais ce qui doit être un motif très puissant d'une consolation singulière à ces pauvres âmes tentées, est que ces sortes d'épreuves n'empêchent pas les plus saints progrès dans les voies spirituelles, mais contribuent beaucoup à s'y avancer. Le vénérable César de Buz, fondateur des Pères de la doctrine chrétienne, s'est élevé à une haute sainteté par ses épreuves, qui l'ont rudement tourmenté durant une grande partie de sa précieuse vie, et qui lui étaient d'autant plus sensibles qu'il était privé de la vue corporelle, étant devenu aveugle, et par conséquent qui s'imprimaient plus vivement et plus fortement dans son imagination. La sainte fondatrice des religieuses de la congrégation de Notre-Dame, la mère Alexis Leclerc, nommée en religion Thérèse de Jésus, a porté sur ce sujet des peines qui font compassion, tant elles sont grandes. Saint Pierre Célestin en a été travaillé jusqu'à consulter le souverain pontife s'il ne cesserait pas de célébrer la messe à cause des effets que produisaient ces tentations ; ce que le chef de l'Église lui défendit, lui ordonnant de continuer toujours à son ordinaire d'offrir le sacrifice redoutable de notre religion. Saint Jérôme en a été persécuté en sa vieillesse, et en la manière qu'il a laissé lui-même par écrit. Mais enfin, Satan a bien osé souffleter un corps aussi chaste et aussi vierge que celui de saint Paul, et dont la pureté est allée jusqu'au troisième ciel. C'est une preuve manifeste que, pour vivre de la vie divine, il n'est pas nécessaire de ne pas sentir les rébellions des sens et de la nature ; puisque cette merveille des apôtres, dont l'Écriture nous assure (*Galat*. II, 20), qu'il ne vivait plus, et qu'il n'y avait que Jésus qui vivait en lui, était vivement tourmenté de l'aiguillon de la chair (*II Cor*. 12, 7)[1]. La chasteté ne consiste pas dans une grande insensibilité, mais dans la résistance à tout ce qui est contraire à la parfaite pureté ; à raison de quoi, dit un grand prélat, elle est comparée au lis qui croît au milieu des épines.

Si l'on demande ce qu'il faut faire dans ces occasions, tous les livres spirituels sont remplis de saints avis et de salutaires remèdes pour remporter la victoire dans ces combats. Nous dirons seulement ici qu'il faut fuir discrètement toutes les occasions de la tentation. Si les saints dans leur vieillesse, et dans les déserts en ont été si exercés, et si quelques-uns y ont succombé, cela marque assez qu'il y a bien à craindre, et qu'il faut extrêmement se défier de soi-même, ne s'appuyant aucunement sur les victoires du passé, et se persuadant que la chasteté est un don de Dieu qui n'est donné qu'aux humbles. Les orgueilleux ordinairement tombent dans le péché d'impureté. On doit veiller à résister au commencement des mauvaises pensées. Figurez-vous un charbon ardent qui tomberait sur votre habit ; hélas ! Tarderiez-vous à le faire tomber ? Ces pensées sont des charbons de feu d'enfer. Saint Ignace, fondateur de la Compagnie de Jésus, avait coutume de dire que le diable était semblable au serpent, qui glisse tout son corps où une fois il a passé la tête ; et le divin Pacôme rapportait que les démons avaient été obligés et forcés de lui avouer qu'ils craignaient beaucoup ceux qui résistaient de prime abord à leurs tentations, et dont ils étaient aussitôt repoussés avec vigueur ; mais qu'ils se jouaient des autres qui y étaient négligents.

Cependant il faut dire avec sainte Thérèse, en la *seconde demeure du Château intérieur*, que Notre Seigneur permet souvent que de mauvaises pensées nous affligent, sans les pouvoir chasser nous ; pour lors on ne doit ni s'attrister ni s'inquiéter. Il suffit que la volonté n'y soit pas. Il faut recourir à la prière, à la dévotion de la Vierge des vierges, et spécialement au mystère de son immaculée conception, dont on voit arriver des secours miraculeux. Il est bon de bénir et louer saint Joachim et sainte Anne, en leur disant que la très-sainte Vierge leur bienheureuse fille est sortie d'eux sans aucune tache originelle. Une âme d'une vertu admirable se sentait extraordinairement assistée des tentations horribles contre la pureté, qui lui étaient causées par les magiciens et sorciers, en honorant la sainte Vierge et ses glorieux parents en cette manière. La dévotion aux saints anges, les amis des chastes, est aussi grandement efficace. Après cela on doit se tenir en repos, à l'exemple du grand Apôtre. Voici comme en parle saint François de Sales, au chap. VII du liv. IX de *L'amour de Dieu* : « L'aiguillon de la chair, messager de Satan, piquait rudement saint Paul, pour le faire précipiter au péché. Le pauvre apôtre souffrait cela comme une injure honteuse et infâme : c'est pourquoi il l'appelait un soufflettement et un bafouement, et priait Dieu qu'il lui plût de l'en délivrer. Mais Dieu répondit : *Ô Paul, ma grâce te suffit, et la force se perfectionne dans l'infirmité.* (II Cor. XII, 9). À quoi ce grand saint acquiesça : *Donc*, dit-il, *volontiers je me glorifierai dans mes infirmités, afin que la vertu de Jésus-Christ habite en moi.* » (*Ibid.*, 10) Remarquez que non seulement nous ne devons pas nous inquiéter en nos tentations, mais nous glorifier d'être infirmes, afin que la vertu divine paraisse, nous soutenant en notre faiblesse.

---

1. *Il n'est pas sûr que l'aiguillon dont parle saint Paul fût celui de l'impureté. Saint Chrysostome soutient fort le contraire. Les saints docteurs sont partagés sur ce point.*

5

DES DOUTES ET SCRUPULES

Toutes les peines, même les plus méchantes, ne nous peuvent rendre coupables, tandis qu'elles nous déplaisent, non plus que notre entendement ne s'infecte pas par la connaissance qu'il a des plus grands maux du monde. Voyez-vous, dit l'illustre évoque de Bellay, en sa *Lutte spirituelle*, une glace de miroir ? Elle représente naïvement la chose qui lui est opposée, mais cette chose n'est pas dans la glace ; il en est ainsi de notre cœur. C'est une glace où le diable peut par ses artifices représenter tout ce qu'il y a de plus hideux, de plus infâme, de plus abominable dans l'enfer ; mais il n'y a que la seule volonté qui puisse ouvrir la porte, et y faire entrer ces exécrations. Que le diable fasse donc tant de grimaces qu'il voudra, qu'il forme devant votre cœur les images les plus sales, qu'il profère aux oreilles de votre intérieur tous les blasphèmes et impiétés les plus détestables qui se puissent imaginer, toutes ces choses ne vous peuvent rendre coupables. Quand même ces tentations dureraient toute notre vie, dit notre bienheureux père saint François de Sales, elles ne sauraient nous souiller d'aucun péché. Vous direz que vous ne redoutez que votre sentiment et moi je tiens avec toute la théologie, bien plus assurée que vos appréhensions, qu'il est autant possible de joindre le douter et le consentir, que le certain avec l'incertain ; parce que le consentement présuppose un acquiescement de l'âme si plein, et une détermination si absolue, qu'elle ne laisse après soi aucun doute. La marque la plus expresse de ne pas consentir est quand on doute de consentir. Je ne voudrais mettre le péché capital que dans une détermination de la volonté qui ne laissât après soi aucun doute de la malice. Oui ; mais, répliquerez-vous, tant de tentations et de croix qu'il vous plaira, pourvu que je n'offense point Dieu. Mais est-il possible que vous ne voyiez pas que c'est la peine que vous fuyez. Et c'est là que l'amour-propre joue son rôle et vous donne subtilement le change. Humiliez-vous devant Dieu, et reconnaissez qu'il sait mieux ce qu'il vous faut que vous-même. Jusqu'ici ce sont les paroles de ce grand évêque.

Les scrupuleux sont très sujets à ces doutes, dont les scrupules, selon Grenade, viennent, ou de ce qu'ils ne peuvent pas faire la différence entre la pensée et le consentement de la volonté ; et à cela l'unique remède est l'obéissance, s'en rapportant au jugement du directeur ; ou de ce que les hommes ne comprennent pas assez la bonté de Dieu, et le désir extrême qu'il a de les sauver. Ils le traitent comme un juge rigoureux et bizarre, et ils sont infiniment injurieux à la bonté de Dieu, étant entièrement éloignés des sentiments qu'ils en doivent avoir. Ce sont les propres paroles de cet auteur. Pour lors il faut, selon le commandement du

Saint-Esprit, prendre des sentiments de bonté du Dieu de toute miséricorde, et le chercher en simplicité de cœur. (Sap. I, 1) Il est vrai que les scrupuleux ont des pensées de la conduite de Dieu, qu'ils ne pourraient pas prendre d'un honnête homme sans l'offenser. Il leur semble que Dieu ne veille que sur leur perte. Oh ! que ces miséricordes sont bien plus grandes que nous ne pouvons jamais penser !

Les scrupules viennent quelquefois d'une humeur mélancolique ; et en cet état on a besoin de récréations honnêtes et du secours de la médecine, ou de la qualité de l'esprit ; et en ce cas il est assez difficile d'y remédier ; cependant l'assujettissement du jugement y fera beaucoup. Les scrupules viennent aussi de la lecture des livres de théologie, et spécialement des matières de la prédestination, de la grâce, ou d'autres sujets qui ne sont ni propres ni nécessaires à ceux qui s'en occupent, soit par la lecture, soit par l'entretien, comme aux femmes ou aux hommes qui ne sont pas obligés par leur état d'étudier ces matières. Pour lors, il n'y a point d'autre voie que de renoncer absolument à ces lectures, se défaire des livres que l'on en a, quitter les entretiens où l'on en parle, ne s'arrêter jamais volontairement aux raisonnements, ni aux pensées qui en arrivent, les éloignant doucement de son esprit, ou n'y pensant pas avec une entière vue, n'y donnant plus d'occasion ; autrement ces curiosités sont suivies d'étranges peines et malheurs ; et l'expérience fait voir que ces esprits, curieux ordinairement, ont toujours quelque peine, et ne sont jamais dans un parfait repos. Les scrupules viennent encore par une conduite particulière de Dieu, pour purifier et humilier l'esprit. Dans cet état, le remède est la patience et la soumission aux ordres de Dieu. Ils viennent aussi du démon, qui les donne pour abattre, pour décourager, pour rendre la dévotion insupportable ; et il faut lui résister. Ils peuvent encore venir, ou être augmentés par les directeurs timides, peu résolus et expérimentés ; quand cela est, il faut nécessairement changer de confesseur, il n'y a point à cette rencontre à hésiter.

On ne peut assez dire ici combien est grande la nécessité d'un directeur expérimenté dans ces voies : ceux qui n'ont que de la science, y peuvent nuire en plusieurs rencontres ; car il est nécessaire, outre la connaissance générale que la science donne de la différence, de la pensée et du consentement de la volonté, de bien pénétrer ce qui se passe dans l'intérieur de la personne qui demande avis, non-seulement selon ce qu'on en peut apprendre d'elle-même, qui ordinairement pense faire les choses tout d'une autre manière qu'elle ne les fait ; mais encore par une longue expérience que l'on a dans ces états, qui en fait juger tout d'une autre façon que l'on ne pourrait jamais faire sans cette expérience. Il faut avoir assez de lumières pour prévenir ces âmes affligées, pour entendre ce qu'elles ne peuvent expliquer, pour leur dire ce qu'elles ne disent pas, pour discerner leurs opérations intérieures où elles ne voient goutte, pour avoir des clartés au milieu de toutes les ténèbres, pour les assurer où ne font que craindre pour les tenir fermes où elles ne font que douter et trembler. Enfin, il faut un directeur plein d'une charité extraordinaire pour supporter doucement les scrupules de ces personnes, qui quelquefois sont ridicules, sans raison, sans fondement, ou bien qui sont honteux par les pensées extravagantes qu'ils suggèrent, ou rebutants par leur opiniâtreté, qui est le défaut ordinaire. Tout cela demande une charité extraordinaire. Il y a des âmes, dit sainte Thérèse, qui sont assez affligées, sans les affliger davantage ; autrement on leur ferme le cœur, on les met dans un abattement extrême, on les décourage ; et quelquefois ces rebuts et sévérités les tentent de désespoir. Saint Ignace, qui a été rudement éprouvé par les scrupules, fut tenté un jour de se précipiter du haut d'une maison en bas, tant la peine qui le pressait était grande. Combien de fois a-t-il été tenté de quitter les voies de la perfection, le démon lui suggérant de retourner à une vie commune, qu'il lui faisait paraître n'être pas sujette à toutes ces épreuves ! On a vu des plus forts esprits, de grands théologiens, qui donnaient solution de toutes choses, tomber dans les scrupules. J'en ai connu qui étaient doués d'un grand jugement, qui ne manquaient pas de lumières ni de doctrine, qui en étaient travaillés d'une manière que l'on aurait de la peine à croire, leurs scrupules étant des choses de rien et de pures bagatelles. Mais celui qui n'est pas tenté, que sait-il ? Que les esprits les plus assurés sachent que si Dieu les abandonnait le moins du monde à ces tentations, ils seraient souvent plus ridicules que ceux qu'ils ont peine à supporter. Cependant la charité doit être accompagnée d'une certaine fermeté pour les empêcher de donner de nouvelles occasions à leurs scrupules, ne leur souffrant pas, par exemple, de réitérer leurs confessions et choses semblables dont nous allons parler.

Premièrement, les confessions générales ne leur sont nullement propres, quand ils en ont fait une fois. Ils pensent que leur répétition les tirera de leurs peines, et ils se trompent bien. Saint François Xavier disait que ces confessions, au lieu d'un scrupule qu'elles avaient, en faisaient dix. Aussi il n'y a pas de bénédiction ; la véritable cause qui pousse à en faire n'étant que l'amour-propre et la propre satisfaction, quoique de beaux prétextes de conscience ne manquent pas. C'est donc déplaire à Dieu dans cet état, de réitérer les confessions générales ; et les directeurs les doivent empêcher. Les confessions même annuelles ne leur sont pas utiles. Il faut leur défendre d'aller deux fois à confesse avant que de communier ; car ils sont tentés plusieurs fois d'y retourner, d'imaginant ne s'en être jamais bien acquittés. On leur doit dire qu'ils n'y retournent pas, même quand ils penseraient avoir oublié quelque péché : il leur suffit de le dire à la première confession qu'ils feront. Le directeur doit tenir ferme à les faire communier quand il le juge à propos, les faisant passer par-dessus les difficultés que leur imagination leur suggère.

Secondement, c'est une grande règle pour ces personnes de laisser là tous leurs péchés dont elles doutent ; car, quoique celles qui sont dans une grande liberté d'esprit doivent s'en accuser, cependant celles-ci ne le doivent pas, n'y en ayant pas d'obligation pour elles. Cette règle étant bien gardée, les confessions de ces personnes, qui seraient d'une longueur ennuyeuse, seront bientôt faites, car à peine s'accusent-elles d'un péché dont elles seraient entièrement certaines. Ce n'est pas une bonne raison de dire que l'on s'en accuse pour plus grande sûreté ; car Dieu ne les ayant pas obligées, et d'autre part cela n'étant convenable à leur état, ce n'est qu'amour-propre que tout cela. Il faut prendre garde que ces personnes s'opiniâtrent à dire leurs tentations, quand elles voient qu'on les empêche de s'accuser de ce qui est douteux ; s'imaginant facilement avoir donné un plein consentement au péché : c'est pourquoi les pères spirituels disent qu'on ne doit ni les croire, ni leur permettre de se confesser de leurs tentations, à moins qu'elles ne soient si certaines d'y avoir consenti avec une parfaite liberté qu'elles en puissent jurer sur les saints Évangiles. Elles doivent éviter les longs examens de conscience où elles excèdent toujours : leur état en demande très peu, et elles n'ont que trop de vues de leurs fautes. Qu'elles se souviennent que la confession n'est pas établie pour gêner les consciences, comme le disent les hérétiques, mais pour les soulager ; que Dieu ne demande de nous autre chose, sinon de nous confesser à la bonne foi de ce qu'il nous souvient, après un examen raisonnable, sans rien céler volontairement ; que Dieu pardonne aussi bien les péchés qu'on oublie que ceux dont on s'accuse ; autrement ceux qui ont défaut de mémoire seraient obligés à l'impossible. Au reste, on doit se tenir en repos sur l'avis d'un sage confesseur ; car, quand bien même il se tromperait, la personne qui obéit est en sureté de conscience. Ainsi, par exemple, celui qui douterait de la validité d'une confession générale, ou d'autres confessions, si le sage confesseur juge qu'elles ont été bien faites, il doit s'en arrêter à l'avis qu'on lui donne ; et quand le confesseur serait absolument trompé, et qu'il y aurait eu de véritables défauts dans ces confessions, celui qui obéit n'en répondrait pas devant Dieu, et ne lui serait pas moins agréable.

En troisième lieu donc, surtout il faut éviter l'attache au propre jugement, renoncer à ses pensées, et ne se pas conduire par ses sentiments. Nous ne devons pas choisir des remèdes à nous-mêmes ; car c'est ce qu'on ne laisse jamais à la disposition des malades. Les médecins mêmes, quand, ils sont indisposés, en consultent d'autres : les habiles avocats demandent avis dans leur propre cause. La soumission d'esprit est absolument nécessaire, et on gagne plus par une simple soumission que par mille instructions que l'on pourrait prendre, et que par toutes les austérités et autres dévotions que l'on pourrait pratiquer. Saint Ignace, comme nous l'avons dit, étant réduit dans d'étranges angoisses par les scrupules, jeûna durant huit jours tout entiers sans rien prendre, pour fléchir la miséricorde divine, et en obtenir la délivrance, mais tout cela inutilement ; une simple soumission à son confesseur le délivra de ses peines. Dieu demande l'assujettissement de l'entendement ; l'on a beau faire, sans cela l'on travaille en vain. Pour les pensées qui viennent de ce que l'on ne s'explique pas bien, que le confesseur ne nous entend point, qu'il ne connaît pas notre état, elles doivent être méprisées comme de subtiles inventions de l'amour-propre. Il faut dire sincèrement ce qui se passe dans son intérieur, et en la manière qu'on le peut dire, on n'est pas obligé à davantage. C'est l'affaire du confesseur d'examiner s'il entend bien les choses, et la nôtre est d'obéir avec fidélité.

Enfin il faut aller généreusement contre les scrupules. S'ils veulent qu'on répète l'office, les prières ordonnées par pénitence, qu'on entende de nouveau la messe les jours d'obligation après y avoir assisté, s'imaginant que l'on n'a pas satisfait au précepte, on n'en doit rien faire. S'ils donnent des pensées que l'on commet des sacrilèges dans l'usage des sacrements de certaines choses ; l'on doit passer outre, pratiquant avec courage toutes ces choses, quelque répugnance, difficultés et craintes que l'on en puisse avoir. Si l'on objecte que c'est un crime de faire une action, quoique bonne, avec une conscience erronée, croyant qu'il y a péché ; je réponds qu'il est vrai que la conscience qui dicte qu'il y a péché dans l'action n'a point de fondement de croire le contraire : mais ici il n'en va pas de même, puisque le sage directeur assure qu'il n'y a point de péché où la personne peinée en croit. C'est pourquoi, non-seulement elle ne fait point de mal d'aller contre son jugement, mais encore c'est un grand point de perfection qu'elle pratique. Un prêtre étant fortement tenté de désespoir, parce qu'il pensait commettre autant de sacrilèges qu'il célébrait de fois le très saint sacrifice de la messe, se persuadant de plus qu'il péchait dans toutes ses actions, la divine Providence lui adressa un saint personnage, et d'une grande expérience, qui lui dit : Allez, Monsieur, passez par-dessus tous ces sacrilèges que vous vous imaginez, faites toutes ces actions que vos scrupules vous disent être de grands péchés, et qui, selon la lumière véritable des personnes sages, ne le sont pas. Il obéit simplement, malgré tous ses sentiments ; et par cette obéissance il fut entièrement délivré de ses peines. J'ai connu une personne qui avait fait plusieurs confessions générales pour remédier à quelques-unes qui étaient invalides, mais enfin sans trouver le repos de conscience qu'elle cherchait par la réitération de ses confessions, dont, à la vérité, la première était nécessaire. Après tout cela, elle voulut tout de nouveau se préparer à une confession générale, avec des attentions extraordinaires : ce qu'elle fit durant un très long temps, l'ayant écrite bien amplement avec un soin merveilleux. Ensuite elle se confessa à loisir dans une chapelle particulière, pour le faire avec plus d'attention ; et l'ayant fait après toutes ces diligences et ces soins, elle se trouva dans le trouble plus que jamais, d'où elle n'a pu sortir que par une soumission de son esprit au jugement des confesseurs, qui lui ont conseillé de ne plus faire de ces confessions générales, quoique selon sa pensée sa dernière eût encore été invalide. Elle est entrée par cette soumission dans une paix admirable ; mais ce n'a pas été sans combat qu'il lui a fallu donner pour ne plus réitérer ses confessions, croyant, selon son jugement, ne les avoir pas bien faites. Dieu lui a donné cette paix pour récompense de son obéissance. Sans cette soumission elle serait encore dans la peine, avec tous ses soins et le travail de son esprit.

6

DES PEINES CAUSÉES PAR LE DÉMON

Il y a des tentations ordinaires et extraordinaires des démons. Leurs tentations ordinaires sont quand ils tentent par le monde, ou les sensualités de la chair. Ces esprits malheureux se servent des biens de fortune, de nature, comme des richesses, honneurs, charges, beauté du corps, du bel esprit, de la belle humeur, pour donner de l'attache aux créatures, et porter au péché ; et les hommes, par une ingratitude qui surpasse toute pensée, au lieu de se servir des dons de Dieu pour l'en bénir et le louer, en abusent misérablement ; de sorte que plus ils sont gratifiés, plus ils en sont ingrats. Par exemple, si une personne est douée d'une beauté extraordinaire, souvent elle en sera plus attachée à elle-même, et servira d'un plus grand obstacle aux autres dans les voies du salut. De plus, les malins esprits tentent par les biens de la grâce, soit en glissant de la corruption dans l'intention de ceux qui les ont, soit en y mêlant de la superbe et de l'orgueil. Orgueil, vice plus commun que l'on ne pense, et d'autant plus dangereux qu'il est caché, qu'il a fait tomber les colonnes de la vie spirituelle, et ruiné dans un moment des trésors immenses des dons du ciel.

Les démons tentent extraordinairement quand ils demandent à Dieu permission d'attaquer l'âme avec des assauts extraordinaires ; permission que Dieu tout bon ne leur accorde point, sans donner en même temps des grâces particulières pour résister. Car, enfin, c'est une vérité de foi, toute pleine de consolation, que Dieu est fidèle, et qu'il ne permet pas que nous soyons tentés au-dessus ce nos forces ; c'est pourquoi c'est toujours notre faute si nous succombons. Un démon disait un jour à saint Pacôme que si Dieu leur permettait de tenter les personnes d'une vertu commune, comme celles qui sont dans la pratique héroïque, elles ne pourraient résister à leurs efforts ; mais c'est ce que l'infinie miséricorde de Dieu ne leur accorde pas.

S'ils livrent aux saints des combats qui sont terribles, la force divine dont ils sont revêtus est admirable. Il est vrai que c'est à ces âmes éminentes qu'ils en veulent, que c'est contre elles qu'ils déchargent leur rage d'une manière effroyable. La raison est qu'ils y voient moins de nature et plus de grâces ; ils y voient plus de Dieu et c'est ce qui les désespère. Ils se mettent peu en peine du reste ; de là vient qu'ils craignent peu les directeurs, les prédicateurs, quoique gens de bien, quand ils tiennent encore à la nature par l'estime de l'esprit, des biens, des honneurs de l'éclat, de la réputation, et ils ne leur font pas de grandes persécutions : mais quand un homme, par l'amour du mépris, de la pauvreté, de la douceur, et par un entier détachement, n'est plus rempli que de Dieu, tout l'enfer tremble. Oh ! qu'une personne où il n'y a que Dieu seul est redoutable aux troupes infernales, quand bien même elle serait dans un désert sans s'employer à aucune fonction extérieure ! Voilà le sujet de tous ces combats de l'enfer contre les anciens solitaires, qui, à la vérité, ont été étranges et terribles, et presque continuels. Voilà le sujet des oppositions qu'ils apportent aux âmes d'oraison, parce que c'est l'un des plus assurés et des plus efficaces moyens de se remplir de Dieu seul.

Tout l'enfer s'assemble, dit sainte Thérèse, dans la *cinquième demeure du Château intérieur*, pour empêcher l'oraison. Il sait le tort qu'il lui en arrive. Remarquez que cette grande sainte ne dit pas seulement que des légions de diables, ou mille et mille légions, conspirent pour empêcher ce saint exercice, mais tous les diables ensemble, marque assez évidente de la très grande gloire qui en revient à Dieu, et des biens extrêmes qui en viennent aux âmes. Sainte Catherine dit encore au chap. VIII de sa vie, qu'elle ne comprend pas ce qui fait craindre ceux qui veulent s'adonner à l'oraison ; mais que c'est le diable qui donne ces peurs. Et dans un autre lieu elle dit, qu'il les donne quelquefois excessives. Que ceux qui ont tant de peur des voies de l'oraison, fissent réflexions sur ces vérités, particulièrement ces gens qui n'en peuvent souffrir ce qu'il y a de plus éminent et parfait, sous prétexte des abus qui s'y peuvent glisser, et qui rejettent même des communautés les personnes qui ont plus d'entrée dans les voies divines, coopérant de la sorte, sans y penser, aux desseins des démons. Chose étrange, dit encore notre sainte : si une personne d'oraison tombe, l'on crie, l'on s'en étonne ; et l'on ne crie et ne s'étonne pas de cent mille qui périssent par faute de s'adonner à ce saint exercice, le diable tâche d'en détourner par l'exemple de ceux à qui la pratique de l'oraison semble n'avoir pas réussi, et pour cela il s'efforce, ou de faire tomber dans l'illusion quelque personne d'éclat, ou de noircir la réputation de ceux qui en ont le véritable esprit. Or, c'est en cette rencontre qu'il joue de son reste, donnant les inquiétudes et des peines pour troubler, dégoûter, faire quitter, ou au moins diminuer le temps de cet exercice divin. Quelquefois il en cause des horreurs et des répugnances très sensibles ; il en fait souffrir le corps, il épouvante :et quand il découvre qu'une âme est appelée à une oraison simple, et aux plus saints degrés de l'union divine, c'est pour lors qu'il travaille davantage pour arrêter cette âme dans le sensible, pour l'empêcher de sortir de ces actes ordinaires, pour la faire demeurer dans l'opération connue du discours et de ces puissances, pour susciter quelque directeur ignorant dans ces voies, qui l'en détourne, et qui lui en donne de la crainte ; car il sait bien, le malheureux qu'il est, les trésors précieux des grâces qui sont renfermés dans cet état surnaturel.

Les personnes d'oraison sont donc combattues par les démons d'une manière spéciale, parce que c'est le moyen qui unit plus à Dieu seul, et que c'est la plénitude de ce Dieu seul qui leur est redoutable. Ceux qui en sont plus remplis, sont leurs plus grands ennemis, et ils en sont attaqués par toutes sortes de voies, et surtout par des persécutions qu'ils leur suscitent, en telle sorte que quelquefois, comme le dit sainte Thérèse ; ils semblent traîner tout le monde à demi aveuglé après eux, parce que le tout se passe sous prétexte d'un bon zèle. Mais leurs persécutions sont plus furieuses contre ceux qui, étant pleins de Dieu, travaillent à la réforme des mœurs, et au rétablissement de la discipline, toute l'histoire des saints en est pleine d'exemples. C'est une chose considérable que ne pouvant venir à bout des ouvriers de Jésus-Christ, par les persécutions qu'ils leur suscitent de la part des hommes, ils tâchent de les intimider par des bruits qu'ils font dans les lieux où ils sont, par des spectres qu'ils font paraître, par de grandes frayeurs qu'ils causent, par les obsessions ou possessions des personnes qu'ils gouvernent. Cette manière de résistance par des obsessions ou possessions, est celle qui est la plus dangereuse, et qui leur réussit ordinairement le mieux ; soit parce que ceux qui travaillent à la réforme des mœurs, entrent dans la crainte des suites qui en peuvent arriver, ne regardant pas assez Dieu seul, et ainsi se relâchent de leurs desseins, ce qui est un très grand mal de céder de la sorte au démon ; soit parce que l'on ne fait l'usage de la grâce que l'on devrait. J'ai une bonne expérience de ces dangereuses tentations des démons dans plusieurs lieux où l'on a voulu s'appliquer à établir les plus purs moyens de l'établissement des intérêts de Dieu seul. À peine le grand serviteur de Dieu, le père de Mataincourt, avait-il pris possession de sa cure, qu'un grand nombre de ses paroissiens furent possédés, les diables déchargeant leur rage comme ils pouvaient. Quand le démon ne peut faire autre chose, il afflige le corps. Il a pris saint Ignace pour l'étrangler. Il a voulu étouffer la séraphique Thérèse ; et ils venaient à légion fondre sur elle pour la maltraiter. Que n'en a pas souffert son saint coadjuteur en sa réforme, cet homme de Dieu seul, le vénérable père Jean de la Croix ? Ils firent tomber un pan de muraille sur l'un des neveux de la sainte, qui en fut accablé ; ils renversèrent une autre muraille sur une sœur converse, qui en fut tuée. Au couvent d'Alve, ils rompirent le pied à une autre religieuse, ils en enlevèrent une autre lorsqu'elle sortait du réfectoire, ces malheureux ne cessant de la battre : mais Notre-Seigneur parut avec des verges de feu, pour les en châtier. Enfin on les a vus s'assembler pour conspirer contre cette sainte réforme du Carmel, n'oubliant rien pour s'y opposer.

Après tout cela, il faut avouer que leurs grandes tentations sont pour l'intérieur. La partie inférieure n'en est pas seulement accablée de peine, je dis la sensitive, mais encore la partie supérieure et raisonnable ; et pour ne pas parler de moi-même au sujet de ces sortes de peines, qui pourront étonner ceux qui les ignorent, ou les directeurs qui n'ont pas toute l'expérience qui serait à désirer, je rapporterai ce qu'en disent les maîtres de la vie intérieure, et particulièrement ce qu'un auteur savant et spirituel en a écrit. La tentation, dit cet auteur, devient quelquefois si violente que l'âme se sent remplie de tout ce qui se fait dans les enfers. Au dedans, elle a de l'aversion de Dieu, des supérieurs, des gens de bien ; elle est toute pleine de blasphème, et se sent si unie à ces objets, qu'il ne lui semble ne les devoir pas rejeter. Au dehors, elle souffre des fantômes, et des visions horribles, quelquefois des coups, des maladies extraordinaires. Quelquefois les démons forment des paroles articulées, et font prononcer des blasphèmes, comme si c'était l'âme qui les formât elle-même. Quelquefois ils assoupissent toutes les puissances, ou offusquent tellement le sens commun, que la volonté n'a plus l'usage de la liberté. Ils se mêlent dans les passions, les humeurs, les imaginations, et excitent des vices et des rages comme les damnés. Si l'âme veut faire quelque exercice spirituel, elle est pleine d'abomination qu'elle ne peut ôter. Dans quelques états ils lient tellement l'âme qu'il lui semble qu'elle pèche à chaque moment ; et ils se cachent, afin qu'elle croie que c'est elle seule qui fait toutes ces choses. Ils lui mettent des impressions fortes qu'elle agit en tout cela librement, pour la porter entièrement au désespoir ; et on ne saurait presque lui persuader le contraire. Elle ne s'aperçoit point du bien que Dieu fait en elle dans la suprême partie. Elle ne voit rien qu'abominations et choses exécrables. Enfin il arrive à cette âme ce que dit sainte Thérèse, que le diable s'en joue comme d'une pelote.

Voilà en abrégé une partie des peines extraordinaires causées par les démons, qui tentent les hommes en tant de manières différentes qu'il n'est pas possible de les supporter. Nous avons fait un chapitre de leurs différentes tentations, dans notre livre *De la dévotion aux neuf chœurs des saints anges*, dont nous n'avons pas le loisir de traiter ici. Nous dirons seulement qu'il n'y a artifice dont ils ne se servent, particulièrement envers ceux qui se donnent généreusement au service de Dieu. Ils s'efforcent de leur rendre la dévotion insupportable par les peines qu'ils leur donnent, leur suggérant qu'on peut se sauver plus doucement dans une voie plus commune. Ils tentèrent de la sorte, comme il a été dit, saint Ignace : ils lui représentèrent qu'il n'est pas tant nécessaire de se mortifier ; et ce fut une tentation qu'ils livrèrent à saint François. Ils poussent à faire du bien, à s'engager en des vocations où Dieu n'appelle pas : ils détournent des voies où l'on est appelé, sous prétexte de vertu. Lorsqu'ils voient une âme toute résolue à servir Dieu sans réserve, ils travaillent à la pousser à bout, se mêlant dans les voies de Dieu, mais l'y faisant marcher avec trop de précipitation et d'empressement ; ou lui faisant faire des mortifications excessives qui ruinent la santé et la rendent inhabile aux fonctions de son état. S'ils s'aperçoivent que l'on ait de l'inclination pour les choses extraordinaires, ils se transfigurent en anges de lumière ; ils prennent même la figure de

Notre-Seigneur, de la très-sainte Vierge et des saints pour jeter dans l'illusion ; et afin de mieux réussir dans leurs artifices, ils portent à quantité de bonnes choses, ils en disent de véritables qui sont cachées, ils en prédisent, par leur conjecture qui est prodigieuse, de certaines qui semblent ne pouvoir avoir été prédites que par l'esprit de Dieu ; et ce qui est fort à remarquer, ils prédisent, et cela même arrive aux astrologues quelquefois, des choses qui ne peuvent être sues que par révélation divine ; Dieu le permettant de la sorte pour une punition de ceux qui s'appuient sur ces choses extraordinaires. Nous avons la conduite de la foi qui ne peut nous tromper, et il faut s'y arrêter. L'esprit humain ne peut pas concevoir la subtilité de ces esprits artificieux, qui, souvent parlant contre eux-mêmes, disent qu'il ne faut pas croire facilement aux visions des démons ; paraissent en anges de lumière, pour louer et approuver des personnes qui ont méprisé les illusions d'autres démons, afin de tromper plus facilement les âmes. Quelquefois même, et les personnes qui prennent une bonne direction, et les directeurs, quoique très grands personnages, y sont pris. Il y a eu de saintes personnes qui ont été fort souvent trompées par ces voies de visions et de révélations, dont on ne peut jamais se donner assez de garde.

Mais quel remède à toutes ces tentations ? Il nous faut veiller à ne pas aider aux démons par nos libertés, par nos conversations et nos immortifications. Nos attaches, dit sainte Thérèse, leur donnent prise ; nous leur donnons des armes pour nous combattre, qui sont nos honneurs, nos plaisirs, nos richesses. Hélas ! plusieurs saints personnages fuyant toutes ces choses, n'ont pas laissé d'être vaincus. Que pensons-nous faire, nous qui sommes si éloignés de leurs forces et qui ne sommes remplis que de faiblesses et de misère ? Le grand saint Antoine recommandait beaucoup les jeûnes, les sacrées veilles, l'oraison et surtout un fervent amour envers Notre-Seigneur Jésus-Christ, pour triompher des malins esprits. Notre Maître disait qu'il y en a qui ne se chassent que par le jeûne et l'oraison. (Matth. XVII, 20) La dévotion à la très-sainte Vierge et aux saints anges a des effets miraculeux contre toutes leurs attaques.

Pour les personnes tentées par des peines extraordinaires, comme sont celles que nous avons rapportées, elles ont besoin d'une patience merveilleuse, à raison des grands travaux qu'elles souffrent. Elles doivent s'efforcer de ne se pas laisser aller à leurs humeurs en se renfermant mal à propos en elles-mêmes, et s'appliquant à leur peine, et faire, si l'on peut, que rien ne paraisse à l'extérieur ; je dis si l'on peut s'étudier à ne point envisager ses souffrances, leur attention fait que l'on s'y enfonce davantage. Cela se doit entendre d'une d'attention volontaire. Autant qu'il est possible éviter tout retour et réflexion. S'abandonner à la divine conduite par acceptation, sans réserve, de toutes sortes de croix, sans autre vue que celle-là seule, Dieu mérite d'être servi, quand on devrait porter les peines de l'enfer. Une âme fort affligée des démons, disait : Si vous m'épargnez le moindre coup que Dieu veut que vous me donniez, que sa colère tombe sur vous et augmente vos peines. Pour cela il en faut venir à la sainte haine de soi-même, ne se souciant pas non plus de soi, que si l'on n'était pas. Il ne faut désirer voir que ce que Dieu montre, ni être que ce que Dieu fait être. La fidélité est grandement nécessaire dans ces états, le moindre relâchement volontaire donne de grandes forces aux démons, et l'on expérimente de grandes peines à faire le bien pour la moindre infidélité commise. Surtout l'on a besoin d'une profonde humilité, qui fait enrager les diables, s'humiliant même au-dessous d'eux comme sous les instruments de la divine justice et se persuadant fortement que l'on mérite bien d'autres tourments que tous ceux que l'on souffre ; ce qui est très véritable. Une tentation qui arrive ordinairement aux personnes peinées, est de vouloir se mettre en repos et de songer aux moyens d'y réussir ; mais cela ne sert qu'à augmenter leurs souffrances. Dieu demande un parfait abandon de l'âme à tous ses desseins sans aucune exception ni réserve.

Au reste, si le directeur expérimenté est nécessaire en toutes sortes de voies, dans cet état on en a un besoin extrême ; comme c'est l'un des états des plus grandes souffrances que l'on puisse porter en ce monde, il est très nécessaire d'y être grandement assisté, quoiqu'il soit bien rare de rencontrer des personnes qui y soient propres. Il faut que ce soient des gens fort éclairés, autrement ils prendront les opérations du démon pour celles des personnes affligées ; ce qui serait capable de les désespérer. Car si ces personnes agissaient d'elles-mêmes avec leur pleine liberté, elles seraient les plus impies et les plus abominables du monde : ce qui est bien éloigné de ces pauvres âmes qui sont à Dieu et qui l'aiment, quoiqu'elles ne le voient pas ; ce que l'on peut remarquer dans de certains petits moments d'intervalle où elles sont en liberté, car pour lors nous les voyons en peine de l'offense de Dieu, avec foi et désir de le servir. Une des marques qu'elles ne sont pas libres, est l'aversion furieuse qu'elles ont quelquefois des personnes qui travaillent à leur salut, ou qui sont gens de bien, contre lesquelles, en de certaines occasions, elles vomissent mille injures et mille imprécations, puisqu'il est certain que dans leur fond elles les honorent ; ce qu'elles reconnaissent fort bien, quand les démons leur donnent le moindre relâche.

L'on doit raisonner de la même sorte, touchant ce qui se passe en elles contre Dieu. J'ai connu des personnes qui ont été bien des années dans ces sortes de souffrances, dans lesquelles on avait peine à remarquer aucun péché volontaire, à cause qu'elles n'avaient pas ordinairement l'usage de leur liberté. Cependant comme elles pensent l'avoir, et que les démons mêmes font ce qu'ils peuvent pour le leur faire croire, elles soutiennent opiniâtrement qu'elles se laissent aller avec une entière détermination de la volonté à toutes les abominations qui leur viennent. C'est pourquoi le directeur doit être fort éclairé, et l'on rapporte du père Coton, de la Compagnie de Jésus, qu'il rencontra un jour une femme possédée, dont ayant examiné l'état, il découvrit pleinement qu'elle ne péchait en aucune manière dans tous les assauts que lui livraient les diables ; quoique la plupart de ceux qui l'avaient vue auparavant eussent jugé qu'elle y consentait librement. Il faut aussi veiller à prendre son temps pour leur donner l'absolution sacramentelle, ce que les démons craignent extrêmement, et il leur faut faire produire quelque acte de douleur en un moment, parce que les diables s'en apercevant leur ôtent aussitôt leur liberté ; ce qui arrive souvent, ces personnes criant qu'elles ne veulent pas l'absolution ; dont il se faut mettre peu en peine, ces cris venant de l'opération des malins esprits.

Il est encore nécessaire d'une charité cordiale, d'une longue patience, d'une grande douceur pour soutenir, fortifier et consoler ces âmes. Notre-Seigneur, tout Dieu qu'il était, ayant bien voulu permettre au diable de le prendre, de l'emporter, de le tenir entre ses bras, d'en faire ce qu'il voulait, le montant et le laissant aller en plusieurs lieux ; il n'y a pas à s'étonner s'il lui permet d'agir sur les fidèles qui doivent avoir une dévotion spéciale au mystère de la tentation de ce débonnaire Sauveur. Il y a eu des saints qui ont été possédés quelques jours auparavant leur mort. Si cet état est l'un des plus humiliants et des plus pénibles, il est aussi l'un des plus grands pour arriver à une haute sainteté. Si les personnes qui en sont affligées endurent pour leurs fautes, qu'elles ne laissent pas de se consoler, c'est une marque de leur salut. Dieu qui les châtie par les démons en cette vie les délivrera miséricordieusement de leur tyrannie en l'autre. Oh ! Quelle grâce, quelle miséricorde, quelle consolation, de voir des peines infinies et éternelles changées en des souffrances qui passeront sitôt ! Qu'elles regardent Dieu dans leurs tourments, étant assurées que les démons ne peuvent rien faire sans sa permission ; ce qui est bien facile à remarquer dans l'Écriture, qui nous enseigne que le diable ne put tenter Job sans une permission spéciale. Cela étant de la sorte, encore une fois, quelle consolation ! Assurons-nous que ce Père des miséricordes ne permet point que nous soyons affligés de la sorte, que ce ne soit pour notre plus grand bien ; mais nous ne le voyons pas, il nous paraît tout le contraire : il suffit que cela soit aux yeux de Dieu, et cela nous doit contenter pleinement. Il faut donc se tenir dans une grande patience, ne pas contester avec nos pensées, mais les laisser là, faisant garder le silence à notre esprit, de telle sorte même que le diable ne sache pas ce qui se passe en nous, nous retirant dans le centre de l'âme. Oh ! Quel fruit l'on doit tirer de cette conduite, si l'on en fait un bon usage !

Enfin, il faut avoir un grand courage ; je ne dis pas

le sentir, car dans le sentiment, ce ne sont qu'abattements et désespoirs. Sainte Thérèse dit que, comme elle considérait que les démons étaient les esclaves du Seigneur qu'elle servait, elle disait : Pourquoi n'aurai-je pas la force de combattre tout l'enfer ? Elle assurait de plus qu'elle ne craignait pas ces mots, diable, diable, où l'on peut dire Dieu, Dieu ; et qu'elle craignait plus ces personnes qui ont tant de peur des démons, comme de certains confesseurs. Aussi Notre-Seigneur lui dit : *Qui craignez-vous ? Ne suis-je pas tout-puissant ?*

Ces paroles, s'écrie la sainte, sont capables de faire entreprendre de grands travaux. Et de vrai, ayant un si grand roi qui peut tout, quel sujet avons-nous de craindre ? Le diable, selon le témoignage de saint Antoine, s'enfuit des esprits résolus ; ce qui est conforme à l'Écriture qui dit : *Résistez au diable, et il s'enfuira de vous.* Le mépris que l'on en fait les arrête et diminue leurs forces.

Il est toujours bien certain qu'ils ne peuvent pas opérer dans le franc arbitre, qui demeure toujours libre, quoique, comme il a été dit, ils puissent quelquefois en empêcher l'usage. C'est pourquoi tous les magiciens et sorciers ne peuvent jamais, par leurs maléfices, nécessiter la volonté au péché. Il est vrai que les maléfices y donnent une pente extraordinaire et causent des tentations véhémentes ; ce qui fait que la plupart des hommes s'y laissent aller, parce qu'il y en a peu qui soient fidèles à la grâce dans la mortification de leurs passions, spécialement quand elles pressent fortement. Cependant il n'y a point de tentation, telle qu'elle puisse être, quand tous les diables ensemble et tous leurs suppôts auraient conspiré pour y faire succomber, dont l'on ne puisse triompher avec le secours de Notre-Seigneur. Le mal est que l'on n'a pas assez de recours aux moyens divins qu'il nous donne, aux sacrements, à la pénitence, aux jeûnes, à l'oraison et autres exercices de vertus, et que l'on ne veille pas assez à dompter ses inclinations. Combien de fois les magiciens ont-ils fait tous leurs efforts pour porter au consentement du péché certaines personnes, dont ils n'avaient jamais pu venir à bout ! Nous en avons un illustre exemple en la personne de sainte Justine, martyre.

Or, entre tous les moyens les plus efficaces contre les assauts des démons, l'usage du sacrement de l'Eucharistie est le plus puissant remède. Les obsédés, dit le père Surin, de la Compagnie de Jésus, dans le *Catéchisme spirituel*, sont aidés des reliques, et surtout de la très-sainte Eucharistie, qui est le renfort dans tous les maux surnaturels et même naturels. La rage que les diables marquent, quand les possédés communient, les tourments qu'ils leur font souffrir le jour de la sainte communion, sont de grands signes du mal qui leur en arrive et des grands biens que les âmes en reçoivent. L'expérience même fait voir que, pour empêcher ce divin remède, ils laissent en repos ceux qu'ils tourmentent durant quelque temps, quand ils se retirent de la sainte communion ; tâchant de les tromper de la sorte par cette fausse douceur. C'est à quoi les directeurs doivent prendre garde, ne privant pas ces pauvres âmes de cette nourriture divine qui est Dieu même, et ayant recours à sa divine miséricorde pour leur soutien, allant en des lieux de dévotion pour elles, jeûnant, priant, faisant même pénitence pour les désordres que le démon leur fait faire, quoiqu'elles n'en soient pas coupables, s'humiliant devant Dieu pour la superbe de ces esprits orgueilleux, et s'étudiant à ne leur donner aucune prise par l'imperfection, et le péché.

Je finirai ce chapitre par une remarque que j'ai faite en des personnes possédées ou obsédées ; c'est qu'il est presque impossible de les faire communier, quand on les a laissées un long temps dans la privation de ce sacrement d'amour. Les démons se servent de cette privation pour se fortifier de telle manière qu'il est très difficile d'en venir à bout.

7

DES PEINES SURNATURELLES

Toutes les peines qui viennent des hommes et des diables ne sont point comparables à celles que l'on reçoit immédiatement de Dieu. Il est facile de supporter toutes les contradictions des hommes et tous les combats de l'enfer, quand on est soutenu sensiblement, ou avec douceur, dans l'intérieur ; mais quand il plait à Dieu de nous affliger lui-même, il n'y a rien de plus terrible. Job, l'homme du monde qui a souffert avec le plus de patience, s'écrie et conjure ses amis d'avoir pitié de lui, quand il est touché de la main de Dieu ; et notre débonnaire Sauveur témoigne à haute voix et publiquement sa douleur, dans le délaissement de son Père éternel. C'est pourquoi les âmes qui souffrent des peines surnaturelles sont dignes de compassion, et d'autant plus que souvent toutes les croix étant au dedans ne paraissent pas aux yeux des hommes, et que la plupart ne peuvent pas même les entendre. Il y en a au contraire d'autres, et j'en connais dont les croix extérieures sont grandes et font peur ; et cependant elles souffrent très peu, à raison de la douceur intérieure qui leur est donnée. Quand on souffre des créatures, l'on peut recevoir du soulagement du Créateur, et souvent on est soutenu sensiblement ; mais quand c'est lui-même qui nous afflige, où pourra-t-on prendre la consolation ? Cette croix est épouvantable.

Je suis bien aise, dans ces matières, de ne point parler de moi-même. Voici ce que dit de ces peines le père Simon du Bourg, religieux capucin : L'âme se sent toute plongée dans la nature corrompue, par le ressentiment vif de ses passions, de dégoût de Dieu, d'ennui dans les choses spirituelles. L'ange de Satan lui est donné, qui la tourmente de choses impures, d'infidélité, de blasphèmes, avec tant de violence que quelquefois, il semble qu'elle les profère ; et effectivement cela arrive à quelques personnes. Elle est dans la tristesse, dans les ténèbres, dans les scrupules. Elle croit qu'elle consent aux tentations, et qu'elle est perdue. Elle ne croit pas à ses confesseurs ; et comme c'est Dieu qui la tient surnaturellement dans ces peines, elle n'en peut sortir, jusqu'à ce qu'il lui plaise. Il y a des directeurs qui la tourmentent, faute d'expérience ; car, qui n'a pas été tenté, que sait-il ? Ils ne veulent plus se mêler d'elle ; ils la jugent faible d'esprit et mélancolique. Envie lui prend de quitter l'oraison, où elle ne trouve plus que peine.

La nature inférieure ainsi purifiée, il faut que l'esprit le soit par la soustraction de ces actes qu'il produisait en la première purgation ; ce n'est pas assez que ces actes soient ôtés, si l'on connaît encore que l'on aime, que l'on ressent cet amour. Dieu ôte cette vue et ce sentiment. Il veut que nous ne nous voyions plus nous-mêmes, comme si nous n'étions pas. Il prive, non-seulement des actes réflexes, comme en la première purgation, mais de plusieurs actes directs, et ne lui laisse plus qu'une soumission à sa divine volonté ; soumission qui n'est pas active, mais passive, qui n'est pas ressentie, mais démentie. Dans la première purgation, elle a quelquefois des actes ressentis, des résistances sensibles contre les tentations : dans cette seconde, elle résiste sans sentiment elle opère virtuellement, sans connaissance ni satisfaction. Que si elle s'efforce de s'élever vers Dieu, elle sent un poids d'une pesanteur insupportable, qui tombe sur son entendement et sur sa volonté : il lui semble que tout ce qui s'est passé en elle, n'est que fiction et tromperie. C'est ainsi que la partie sensitive est purgée par tous ces divers travaux, comme aussi par maladie, perte de biens, et autres sortes de peines. C'est ainsi que la partie intellective l'est, comme aussi par les tentations contre la foi, de réprobation et de désespoir. C'est de la sorte que la volonté l'est, et par d'autres angoisses étrangères. Jusqu'ici sont les paroles de cet auteur.

Mais écoulons la grande maîtresse des voies intérieures, la séraphique Thérèse. Elle dit, au chap. XXX de sa vie, que ce sont quelquefois les choses de rien qui nous inquiètent : que l'âme cherche du secours, et que Dieu permet qu'elle n'en trouve point ; qu'on a les yeux bandés, que la foi est pour lors amortie, et toutes les autres vertus ; que si l'âme veut s'appliquer à l'oraison, et se retirer en solitude, c'est augmenter sa croix ; que c'est en vain qu'on cherche du remède dans la lecture ; que sa peine paraît une parcelle des gênes de l'enfer ; que la conversation est insupportable, parce qu'on a pour lors l'esprit dégoûté, et il semble qu'on aurait courage de manger tout le monde. Les confesseurs tourmentent. Il semble qu'on ôte le pouvoir de penser à aucune bonne chose, et le désir d'aucun acte de vertu. Il sert de peu de faire de bonnes œuvres extérieures. Elle dit, au chap. XXXVI, qu'il ne lui venait en l'esprit que ce qui pouvait la contrarier. Au chapitre premier de la *sixième demeure du Château intérieur*, elle ajoute qu'il semble à l'âme que jamais elle ne s'est souvenue de Dieu ; qu'elle ne se fait pas entendre aux confesseurs, et qu'elle les trompe ; et quoi qu'on lui dise, cela ne sert de rien. Le diable lui fait entendre qu'elle est réprouvée de Dieu ; et il y a quantité de choses qui la combattent avec un saisissement intérieur si sensible et si intolérable, qu'elle ne sait à quoi les comparer, si ce n'est aux peines que l'on souffre dans l'enfer. Elle ne reçoit aucune consolation, ni de la lecture, ni des prières. Ce sont des angoisses qu'on ne peut nommer. Elle est en mauvaise humeur, la solitude lui est ennuyeuse, la conversation lui déplait, toutes les créatures la tourmentent, comme elles tourmentent les damnés. Voilà comme parle cette grande sainte, dont la doctrine est une doctrine du ciel, comme l'a qualifiée l'Église ; et elle assure en d'autres lieux, que le ciel et la terre n'avaient aucune consolation pour elle ; et que l'âme ressent Dieu comme s'il lui était opposé, comme s'il la rejetait, la combattait, comme n'ayant plus d'accès auprès de lui.

Ajoutons encore ici les sentiments d'un auteur fort spirituel, qui, dans un livre qu'il a donné au public, parle de la sorte : Il semble à l'âme qu'elle est abandonnée de Dieu et délaissée au péché : elle ne sait si elle y consent ou non. Les directeurs la rebutent ; on doute de son état, on la contredit. Quelquefois elle a encore quelque sentiment pour Dieu ; d'autres fois, point du tout. Dieu quelquefois suspend les actes de la foi. Il semble à cette âme qu'elle se plait dans l'aversion de Dieu ; elle a horreur de ceux qui lui en parlent.

Dieu, dans certains états, lui retire ses peines, parce qu'elle se les approprie par une secrète approbation, et la met dans un état de bêtise. En d'autres, il la tient comme suspendue sur un gibet entre la vie et la mort, la lumière et les ténèbres ; ou il la rebute, l'empêchant de rien faire pour lui, et permettant souvent ce qui semble contraire. Enfin Dieu laisse quelquefois en des âmes bien aimées l'effet du péché, quoiqu'il leur en ait ôté les habitudes et les inclinations. Il y a des âmes, dit encore le père Surin, en son *Catéchisme spirituel*, qui se trouvent si avant dans la peine, dans l'expérience du mal, et même dans le sentiment des vices, sans pourtant y donner aucun consentement, qu'il leur semble qu'au dedans et au dehors les eaux les environnent.

On a vu une personne, dans une innocence admirable, et d'une sainteté prodigieuse, qui portait la malignité, les sentiments et les effets du péché, à savoir de l'orgueil, de l'ambition, de l'avarice, de l'impureté et de la colère. Quand elle portait les sentiments de l'orgueil, elle était tout en fureur. Lorsqu'elle portait les sentiments de l'avarice, il lui semblait qu'elle eût voulu avoir les biens de tout le monde, Quand elle avait les sentiments de l'impureté, son imagination était remplie de choses abominables. Elle portait ainsi les dispositions des pécheurs et la malédiction due au péché. La frayeur, la crainte, l'ennui et la tristesse qui sont les apparences du péché, la suivaient partout. Dieu avait commandé à toutes ses créatures de la traiter en rigueur. Elle se trouva, à ce qu'il lui semblait, dans un entier dénuement de toute espérance du salut pour l'avenir, ni de sortir jamais de l'état où elle était ; dans un entier dégoût de toutes les choses qui s'étaient passées en elle, sans aucune correspondance, ni avec le ciel, ni avec la terre, ni avec le Créateur, ni avec les créatures ; et la sainte Mère de Dieu lui fit connaître que c'était la mort qui était plantée en son cœur, qui y était vivante et répugnante, et qu'elle en avait pris une entière possession. Notre-Seigneur avait fermé la porte à toutes consolations humaines et divines, et l'avait ouverte à toutes désolations. Elle sentait la peine du désespoir, qui lui ôtait la foi et l'espérance ; c'est-à-dire qu'elle n'en avait aucune connaissance ; car les ténèbres sont si épaisses et si horribles que l'on ne sait où l'on est, et s'il y a une Église, une religion, une foi, un Dieu. On a comme un bandeau sur les yeux, et l'on souffre sans savoir le bien de la souffrance. Les trois vertus théologales sont comme mortes. La nature s'y rend sensible. L'esprit y parait comme égaré, comme sans lumière et sans raison. La porte est fermée à tout ce que l'on peut dire pour faire goûter la bonté de cet état. Dieu passe dans le pur fond, et laisse le reste presqu'à l'abandon. C'est comme un vaisseau de terre rempli d'une précieuse liqueur ; mais il ne la sent ni ne la goûte point. Cependant Notre-Seigneur fit connaître à cette âme que cet état était le plus grand don qu'il lui eût fait. C'est une chose remarquable qu'il la voulait tellement destituée de toute consolation, qu'il l'empêchait de penser à plusieurs choses divines qui pouvaient lui en donner. C'est cet état que le saint livre de l'*Imitation* appelle l'exil du cœur ; car, après avoir enseigné que ce n'est pas grand chose d'être privé des consolations humaines, lorsqu'on jouit des divines, il ajoute que c'est une chose véritablement grande d'être privé de toute consolation divine et humaine, *et de porter l'exil du cœur.* Ô Dieu ! que de mystères sont cachés quelquefois en deux un trois paroles de ce livre divin, que l'on passe bien légèrement ! Celles-ci nous font voir clairement cette vérité. Combien de personnes, même spirituelles, les lisent tous les jours sans les entendre ! Oh ! qu'il en a peu qui sachent ce que c'est que l'exil du cœur ! Un grand serviteur de Dieu, des plus éclairés de notre siècle, dont la mémoire est en bénédiction, je le nomme par honneur ; feu M. de Bernières, trésorier de France de la ville de Caen, m'a avoué qu'il les avait lues bien des fois, sans y faire réflexion, jusqu'à ce que le feu père Binet, de la compagnie de Jésus, lui en eût donné lieu par une explication admirable qu'il lui en fit. Hélas ! Dieu seul est la véritable patrie, le véritable lieu du cœur : donc l'exil du cœur consiste à en être banni ; ce qui paraît à l'âme qui en ressent les effets, quoique dans son fond jamais elle ne lui ait été plus unie. Ceux qui se sont étudiés dans la connaissance particulière des vies des saints, ne peuvent ignorer que plusieurs ont passé par ces épreuves terribles ; et ceux qui ont une longue expérience de ce qui se passe dans l'intérieur des personnes qui marchent dans les voies de l'esprit n'en pourront aucunement.

8

CONTINUATION DU SUJET PRÉCÉDENT

Quand ma divine volonté conduit, disait Notre-Seigneur à une sainte âme, elle ne laisse rien d'humain. Dieu ôte tout, pour ne laisser rien de propre à l'âme, ni lumières, ni sentiments spirituels. Il abandonne l'imagination aux distractions et aux autres peines ci-dessus décrites. Il prive l'entendement de ses clartés, la volonté de tout goût et de tout amour sensible. Il dénue la mémoire de toutes les choses qui ne lui sont point nécessaires, tant de l'ordre naturel que du surnaturel. Il prive l'âme des actes réfléchis des vertus, ne concourant pas avec elle pour les lui laisser produire, quoiqu'il concoure puissamment pour les actes ; et ainsi, ôtant les actes réfléchis et ne laissant pas la connaissance des actes directs, on ne s'aperçoit plus de ce qui se passe dans la partie suprême ; on ne s'aperçoit nullement de la conformité que l'on a à la divine volonté, ni de la paix qui réside dans le centre, ni de la foi, de l'espérance et de la charité, que l'on possède dans un degré éminent. L'on ne voit que le trouble, que les irrésignations, que les peines que l'on sent, et qui sont bien connues. Conduite que Dieu tout bon tient sur les âmes pour laisser leurs vertus dans leur pureté, et pour empêcher que l'amour-propre ne s'y glisse, qui se mêle presque partout par les réflexions que l'on y fait, et par une très subtile et inconnue satisfaction que l'on y prend. Ensuite, comme c'est le propre du divin amour de changer de croix, il les augmente selon ses desseins et son infinie sagesse, y mettant la main lui-même, ce qui est épouvantable : aussi le Fils de Dieu, qui n'avait dit mot à tous les tourments de la terre et de l'enfer, crie dans le délaissement de son Père, qui vient être la cause immédiate de sa passion intérieure.

Si l'on demande pourquoi toutes ces croix, nous en avons dit plusieurs causes, et nous en parlerons encore. Il suffit de dire qu'un seul péché véniel mérite tous les fléaux temporels. Mais je demande pourquoi les peines du purgatoire ? N'est-ce pas le même Dieu qui fait souffrir en ce monde et en l'autre ? Ce sont aussi les mêmes âmes qui endurent. Au reste, ce glaive séparant l'âme et l'esprit, pénétrant jusqu'aux entrailles, et fondant jusqu'à la moelle des os, ne sépare de l'être créé que pour être uni à l'incréé. On rapporte que Notre-Seigneur disait à une sainte personne : Quand j'ai baissé mon chef vers la terre en expirant, c'était pour montrer aux fidèles le lieu où j'ai souffert, et qu'il faut qu'ils y souffrent. Ceux qui s'approchent de ma douloureuse passion, mon divin amour les consume en eux-mêmes, les transforme en moi et les déifie. Voilà où aboutissent tous les anéantissements divins, qui consistent en ce que les personnes n'ont point d'action par elles-mêmes, n'agissant plus que par l'esprit de Jésus-Christ. Elles n'ont plus de désirs propres, d'affections, de craintes, d'espérances. On ne peut vivre ni mourir ; on n'agit plus par soi-même, mais par le mouvement de la grâce. Vous m'avez promis, disait un jour une sainte âme à Notre-Seigneur, les plus belles choses du monde, et je n'en sens rien, je n'en vois rien, je n'en crois rien. C'est que vous êtes dans le néant, lui répondit cet aimable Sauveur. Mais quels anéantissements semblables à ceux de ce divin Maître ? Ses peines et ignominies lui en font porter d'incomparables ; son âme étant séparée de son corps, il n'était plus homme, et par suite Jésus. Il est, durant quelques heures, au nombre des choses qui ne sont plus. Toutes les créatures ne sont anéanties, et même les plus saintes, qu'à l'égard de leurs opérations : en Jésus, l'anéantissement en va jusqu'à sa nature humaine, quoique toujours unie à la personne du Verbe. Mais, ô cieux, ô terre, quels anéantissements votre Souverain ne souffre-t-il pas dans le très saint sacrement de l'autel ! Ô créature qui n'es rien et qui veux toujours être quelque chose, soit dans la nature, soit dans la grâce, regarde ton Dieu, qui est seul grand et unique tout, toujours dans le néant en la divine Eucharistie, depuis plus de dix-huit cents ans, en tous les endroits de la terre, et qui y sera jusqu'à la fin du monde, pour satisfaire à la grandeur de son Père, offensée par tes superbes élévations. Ô Dieu, quelle voix crie à nos cœurs, non pas de la terre, non pas du ciel, mais du Dieu du ciel et de la terre : Il n'y a que Dieu seul, Dieu seul, Dieu seul : à bas toute créature ! Qu'elle ne parte jamais du néant, qui est sa place. Ô aimables et infiniment aimables croix qui y conduisez, qui y faites persévérer ! Ô détestables et infiniment dignes de toute exécration, plaisirs, honneurs, richesses, qui en détournez ou qui en retirez malheureusement !

Il est bien vrai qu'il faut souffrir beaucoup pour entrer dans cet heureux état du néant divin ; et parce que tous les efforts que la créature peut faire avec la grâce commune ne sont pas capables d'y introduire, Dieu, tout bon, vient miséricordieusement au secours par ces peines qui sont extraordinaires, soit qu'elles le soient en elles-mêmes, soit qu'étant ordinaires, comme par exemple les maladies du corps, elles soient données d'une manière qui ne l'est pas. Oh ! que les hommes savent peu les bontés de notre Dieu très miséricordieux ! L'on trouve sa conduite pleine de rigueur, lorsqu'elle est toute remplie de miséricorde ineffable. Les hommes pécheurs, malades de la grande maladie du péché, ou gâtés par les taches qui en restent, ne peuvent ni se guérir, ni se laver parfaitement avec des remèdes ordinaires. Que fait Dieu dans son excessive charité, cet unique médecin de nos âmes ? Il y met lui-même sa divine main ; et parce que le mal demande une application douloureuse des remèdes, nous crions et nous nous tourmentons, quand nous devrions baiser un million de fois amoureusement cette main divine, et fondre en actions de grâces de ce qu'elle s'applique à notre sanctification. Grâce très particulière, qui demande des reconnaissances singulières ; car Dieu tout bon ne fait pas la grâce de ces croix extraordinaires à un chacun : c'est une faveur réservée pour les meilleurs amis. Hélas donc ! qu'avons-nous à nous plaindre, s'il nous traite comme ses favoris ? Cependant, comme ces peines sont très rudes à la nature, sainte Thérèse assure que si l'âme les savait avant que de les souffrir, elle aurait de la peine à s'y résoudre, tant il est vrai que nos lâchetés sont grandes et nos misères excessives.

Il faut ici remarquer un certain abus de plusieurs, qui pensent être dans ces états surnaturels de peine, et qui n'y sont pas. Voici quelques marques que l'on donne de l'état passif des peines. La première, si l'âme ne trouve et ne veut trouver aucun goût dans toutes les choses du monde, quoique tentée d'inclination, pour elles : car c'est une marque qu'elle est unie à Dieu : autrement elle se laisserait aller à ses mouvements de nature. La seconde, si elle a soin de n'offenser point Dieu, si elle craint le péché, puisque, si elle n'aimait point Dieu, elle ne se soucierait pas de pécher. La sécheresse qu'elle porte pour lors est une aridité, et non pas une tiédeur. La troisième, si elle ne peu méditer comme elle faisait, mais se trouve arrêtée par une notice générale, et vue simple, sans distinguer rien en particulier. La quatrième, si les personnes expérimentées assurent que son état de peines est passif. Au reste, il y a autant de différence entre ces peines et les autres qu'entre le jour et la nuit.

Mais que faut-il faire dans ces états ? Adorer la divine volonté en la manière qu'on le peut, s'y abandonnant sans aucune réserve, sans retour ni sans réflexion, pour tous les tourments qu'il lui plaira nous envoyer. Éviter un certain désir secret de sortir de ces peines, ce qui est opposé à un certain abandon ; aussi bien cela ne sert qu'à les augmenter, puisqu'elles sont données pour ôter toute imperfection, et par conséquent ce désir, qui en est une grande. Lorsque la colère de Dieu se présente avec ses châtiments, il les faut recevoir avec joie, et à bras ouverts, et enfin tout ce qui arrivera de la part des hommes, des démons et furies de l'enfer. Si vous manquez à adorer un seul des coups que la divine volonté a ordonnés, la colère de Dieu tombe sur vous, et augmente vos peines. C'est ce que disait aux démons une sainte âme, comme nous l'avons déjà remarqué.

Mais pour descendre plus dans le particulier de ce qu'on doit faire parmi ces peines purifiantes, nous rapporterons les avis qu'en donne le père Simon de Bourg, religieux capucin. Dans la première purgation de la partie inférieure, dont il a été traité ci-dessus, l'on ne doit pas se dissiper dans les plaisirs des sens, sous prétexte de soulagement, quoiqu'il soit à propos de prendre quelque honnête récréation dans la vue de la volonté de Dieu. Il ne faut pas se contraindre à une fâcheuse introversion, cela ruinerait la tête, et rendrait inhabile à l'oraison. Il faut accepter ses peines amoureusement, quand même elles arriveraient pour nos fautes et péchés ; s'estimer digne de tous nos maux, et de plus grands incomparablement que ceux que nous endurons, puisque nous méritons l'enfer. Voir la conduite de Dieu dans la permission qu'il donne au démon. Tenir pour certain que la voie de peine est la meilleure, la plus pure et la plus sûre. Se tenir heureux de la part que l'on a aux souffrances de notre Sauveur. Se tenir content dans la pointe de l'esprit. S'unir à l'opération divine dans les tourments qu'elle fait porter à la nature corrompue. Patienter l'oraison dans une vue simple de Dieu, quoique nullement ressentie, qui est une mort de nos actes et de nous-mêmes ; opérant d'autant plus que nous croyons ne rien faire. Enfin acquiescer humblement aux sentiments du directeur expérimenté.

Dans la seconde purgation de l'esprit, que l'âme ne s'efforce pas d'avoir la présence de Dieu sensible ; cela ne servirait qu'à redoubler ses peines, et à la tirer de la contemplation où Dieu la met. Qu'elle s'abstienne de ses propres actes, se contentant de sa coopération à la divine opération au sommet de l'esprit, non pas ressentie, mais démentie. Qu'elle ne réfléchisse pas sur soi pour juger ce qui se passe en elle. La sainte mère de Chantal fit vœu, au milieu de ses angoisses, de ne jamais réfléchir sur soi volontairement, pour apprendre ce qu'elle faisait. Ce vœu ne doit être imité que par l'avis d'un sage directeur, qui ne doit presque jamais le permettre dans ces états ; mais il faut entrer dans la pratique par une généreuse résolution. Après tout, il faut vivre sans goûts et consolations, sans sentiments ni vue, sans amour connu, puisque Dieu ne le veut pas. Il nous fait vivre de la mort, disait le glorieux saint François de Sales. L'âme pour lors, comme une palme sacrée, s'élève d'autant plus qu'elle est chargée et abaissée. Un grand prélat parlant de ses souffrances intérieures, qu'il compare aux maux extérieurs, pour en rendre l'intelligence plus sensible : vous le dirai-je ? dit-il à son ami ; si quelqu'un vous avait guéri de vos maux, vous le devriez faire appeler en jugement, afin qu'il eût à vous les rendre, tant ils sont utiles et avantageux.

Sainte Thérèse en savait bien les avantages, quand elle assurait, dans le livre du *Chemin de la perfection*, que l'âme gagne plus en recevant des peines de Dieu, qu'elle n'aurait fait en dix ans par son choix. L'état souffrant, disait une sainte personne, est le plus court chemin de la perfection, car il sépare plus, et par conséquent il unit davantage. Saint Pierre et saint André paraissant à cette personne lui déclarèrent que parmi tous ces états souffrants, ce qu'il y avait de plus excellent, était la privation de toute consolation intérieure ; et Notre-Seigneur voulant lui enseigner qu'il suffit que l'intime de l'âme soit vu de Dieu, que les sens et même la partie inférieure raisonnable ne connaissent pas, et que quelquefois les âmes les plus saintes paraissent aux yeux des hommes comme les autres personnes, sans qu'ils remarquent la grande différence de leur intérieur ; il se servit de l'exemple d'une hostie consacrée, qui étant mise en quelque lieu avec d'autres qui ne le sont pas, aucun ne la peut discerner que celui qui l'a consacrée.

∼

ORAISON À NOTRE-DAME DES MARTYRS

Ô sainte Dame, c'est à bon droit que votre auguste et précieux nom de Marie, entre plusieurs significations admirables qu'il porte, veut dire une mer ou un assemblage de toutes les eaux ; car il est vrai que votre douleur est grande comme une mer ; et comme la mer, dans son étendue prodigieuse, reçoit en son sein tous les fleuves et ruisseaux, selon le témoignage de l'Écriture ; de même la grandeur de votre cœur immense renferme éminemment toutes les croix des martyrs. C'est donc avec justice que l'Église vous honore comme leur digne reine, et c'est dans l'union de ces sentiments que celui qui est le dernier et le plus indigne de ses enfants se prosterne devant le trône de vos grandeurs, pour vous présenter ses hommages en qualité de votre esclave, vous appelant à son aide comme la dame et la reine des martyrs. Ô ma bonne maîtresse, rendez-moi digne de mêler mes larmes avec les vôtres, et de vous tenir compagnie, me tenant debout et ferme au pied de la croix avec vous. Ainsi soit-il.

LIVRE IV

1

DES CAUSES DES CROIX

Comme nous en avons déjà parlé en plusieurs endroits de ce petit ouvrage, et spécialement au chap. V du liv. I où plusieurs raisons, que nous avons rapportées pour faire voir les avantages des croix, peuvent en même temps en faire connaître les causes, il suffit de dire ici qu'elles sont données, ou pour nous châtier et satisfaire à la divine justice, ou pour nous purifier, ou pour nous sanctifier : et en toutes ces manières, l'amour de Dieu sur sa chère créature y est très grand, et plus grand que l'on ne peut jamais penser. Oh ! quel aveuglement de ne l'y pas voir ! quelle dureté de n'en être pas fortement touché ! quelle ingratitude de n'en point avoir de reconnaissance ! quelle infidélité de n'en point faire un usage chrétien !

L'on souffre pour ses péchés ; et n'est-il pas bien juste ? Qui saurait ce que c'est que la maladie du péché n'en serait pas étonné. C'est pour le péché les peines de l'enfer à jamais, à tout jamais, sans aucune fin, pour toujours, pour l'éternité. C'est pour le péché les feux et les flammes du purgatoire. C'est par le péché que la mort a eu son entrée dans le monde, et toutes les misères que nous y voyons. Sans le péché, il n'y aurait eu ni mort, ni maladie, ni souffrances. C'est ce monstre qui est la cause de tous nos maux. Hélas ! Dieu de soi n'est que bonté, et n'aurait pas rendu sa créature misérable. Mais quelle miséricorde de nous donner des châtiments dans ce monde, puisque, si nous en faisons un bon usage, ils nous délivreront des tourments dans l'autre vie ! Il faut ici remarquer qu'il y a des personnes d'une éminente sainteté, que Dieu destine pour être des victimes à sa justice, leur faisant de grandes et épouvantables souffrances, et s'en servant pour absoudre et délivrer grand nombre de pécheurs de leurs vices et crimes. Nous en avons un illustre exemple en la très dévote sœur Marguerite du Saint-Sacrement, religieuse carmélite de Beaune, qui a porté d'extrêmes peines pour les péchés de plusieurs, tantôt souffrant pour les superbes, quelquefois pour les avares, d'autres fois pour les jureurs, et ainsi devant des victimes à la justice de Dieu pour un grand nombre de criminels. Mais nous avons de plus l'exemple du Saint des saints, et de la sainteté même qui a porté tous les péchés du monde, en étant chargé pour satisfaire à la justice de son Père. Ô mon âme, arrêtons-nous ici. Regarde ce qui doit arriver aux pécheurs, et par conséquent à nous, si la justice de Dieu traite avec tant de rigueur les innocents, si le Père éternel n'épargne pas son propre Fils.

L'on souffre pour être lavé et purifié du péché, des taches et des méchants effets qu'il laisse dans nos âmes. Pour ce sujet, nous avons dit qu'il y a deux sortes de purgations, l'une active, l'autre passive. La malignité de la nature corrompue est si extrême qu'elle ne peut être séparée du mal qu'à force de tourments. Si nos corps ont besoin de tant de remèdes qui font peine, et dont il y en a quelques-uns qui sont très douloureux, comme ceux qui sont nécessaires, par exemple, pour être guéri de la pierre, nos esprits ont besoin de souffrances bien plus grandes, pour être délivrés de leurs maux spirituels qui surpassent incomparablement tous les autres maux qui sont au monde. C'est pourquoi Dieu tout bon met sa divine main par les peines surnaturelles qu'il donne, comme il a été dit ci-devant. C'est pour cela qu'il ôte les consolations, qui, pour avoir trop de commerce avec le corps, jettent dans l'entendement je ne sais quel nuage, qui empêche, avec l'amour-propre qui s'y glisse, qu'on ne découvre ses imperfections. C'est pour cela que l'esprit est crucifié par des croix terribles, qui lui sont nécessaires pour être purgé de ses fautes, et particulièrement de quelques défauts très cachés, dont il ne s'aperçoit pas. Je vois, disait sainte Catherine de Gênes, ô mon Dieu, que je vous ai dérobé secrètement de ce qui vous appartient, et que je me suis délectée en plusieurs grâces spirituelles ; et l'histoire de sa vie rapporte que, durant dix ans, elle fut purifiée par un amour occulte qu'elle ignorait, et qui tous les jours, de plus en plus, lui devenait caché, de tout le larcin qui avait été fait subtilement à cet amour ; et que de cette sorte la pénitence faite en secret, sans que la cause en fût connue.

L'on souffre pour la sanctification de l'âme, qui dit deux choses : la première, un détachement ou une séparation de tout ce qui est impur, inférieur, bas et ravalé. La seconde, une union intime avec Dieu. Or, à proportion que la sainteté de Dieu est communiquée à la créature, elle produit une plus grande ou moindre union par la privation générale de tout ce qui est incompatible avec sa pureté, ce qui n'arrive point sans de très grandes souffrances ; car quel moyen d'être divisé et séparé de soi-même sans souffrir beaucoup ? C'est pourquoi les grands desseins de Dieu sur les personnes qu'il destine à une éminente sainteté, sont suivis de pesantes croix. Oh ! quelle consolation pour vous, qui souffrez, si vous connaissez votre bonheur !

Enfin l'on souffre, parce que l'on est chrétien et membre de Jésus-Christ, le chef adorable de tout son corps mystique : la raison est que, lorsque le chef, le cœur ou les autres parties principales d'un corps sont dans la douleur, tout le teste des membres est dans la peine. Pour être donc véritablement membre de Jésus crucifié, il faut être attaché en croix avec lui. C'est ce que dit le grand Apôtre, quand il enseigne que ceux qui sont à Jésus-Christ sont des crucifiés.

2

POURQUOI DIEU SOUVENT NE NOUS EXAUCE PAS QUAND NOUS LE PRIONS QU'IL NOUS DÉLIVRE DE NOS SOUFFRANCES

Dieu tout bon souvent n'écoute pas les prières que nous lui faisons d'être délivrés de nos croix pour les causes qui ont été rapportées ; mais, au dessus de toutes ces raisons et de toutes celles que les hommes, et même les anges pourraient dire, il y en a une qui porte la dernière conviction, et à laquelle on ne peut résister ; c'est que Dieu est la raison même et la souveraine raison ; et il lui est impossible de ne pas agir raisonnablement. Quand donc il nous envoie des croix, elles sont raisonnables, et il n'en arrive aucune sans sa divine conduite, l'Écriture nous assurant (*Amos* III, 6) qu'il n'y a point de mal dans la cité, que le Seigneur n'ait fait ; et nous apprenant (*Matth.* V, 36) qu'une feuille ne tombe pas des arbres, ni le moindre cheveu de nos têtes, sans sa sainte et sage providence. Nous pouvons ensuite bien dire souvent que nous ne savons pas les raisons de nos croix, mais jamais qu'il n'y en a point, y en ayant toujours de très grandes que nous devons adorer et aimer sans les connaître.

D'autre part, si nos croix sont justes, elles nous sont toujours utiles et glorieuses. C'est ce qui est infiniment consolant. Elles sont justes, puisque, comme nous venons de le dire, Dieu nécessairement agit toujours avec justice et avec raison, et il ne peut pas faire autrement ; mais elles sont toujours pour notre plus grand bien ; parce que ce même Dieu, il n'y en a pas d'autre que lui, est véritablement notre Père, et le meilleur de tous les pères, en la présence duquel tous les autres pères, quelque amour qu'ils puissent avoir pour leurs enfants, ne méritent pas d'en avoir le nom ; et c'est un Père tout-puissant et tout sage. Or, en cette qualité, nous ne pouvons douter qu'il ne cherche en toutes choses le bien de ses enfants, et qu'il ne leur donne toujours ce qui leur est le plus utile, rien ne l'en pouvant empêcher. Après tout, si ces biens que notre Père, qui est aux cieux, nous donne, sont accompagnés de beaucoup de peines, il le fait parce qu'il nous est nécessaire et avantageux d'être traités en cette manière. Voyez-vous ce père de la terre qui fait saigner son enfant dans une extrémité de maladie ; il lui est bien sensible de voir pleurer ce pauvre enfant, qui, n'étant pas en âge de comprendre le besoin qu'il a de cette saignée, crie et fait bien du bruit quand on lui bande et serre son petit bras. Hélas ! ses cris percent le cœur de ce pauvre père. Cependant il demeure ferme à lui faire donner ce remède douloureux. Si, touché des cris de son enfant, il entrait dans ses inclinations, et le laissait mourir, ne diriez-vous pas, vous qui lisez ceci, que ce serait une cruauté à ce père en cette occasion, de se rendre aux larmes de son enfant ? Cependant cet enfant jette de hauts cris, s'impatiente et se tourmente grandement ; c'est qu'il n'est attentif qu'à un peu de peine qu'il ressent, et qui se passe bientôt, et qu'il n'en voit pas les heureuses suites. Voilà à peu près comme nous faisons dans nos croix, qui nous sont des remèdes un peu fâcheux, mais qui ne durent guère, la vie n'étant qu'un moment, comparée à l'éternité ; et nous ne voyons pas un poids immense d'une gloire infinie qu'elles opèrent en nous.

Adorons, mon âme, la croix de notre divin Sauveur, qui n'a pas été exaucé du Père éternel, l'ayant prié deux on trois fois qu'il éloignât de lui, s'il était possible, le calice de sa passion. Hélas ! il le voyait très bien lorsqu'il était attaché à une croix ; il savait bien qu'il était son Fils, et son Fils très-innocent ; il connaissait très bien ses maux ; il l'aimait plus qu'on ne peut dire, et néanmoins il ne l'a pas voulu délivrer, le laissant dans un abandon épouvantable. On rapporte de la sainte mère de Chantal que, priant un jour pour ses peines, Notre-Seigneur lui dit : L'homme de douleur n'a pas été exaucé ; ne pensez donc pas l'être. Je vois bien tes croix ; disait un jour le même Sauveur à l'un de ses plus grands serviteurs, le père Balthazar d'Alvarez ; je t'aime mieux que tu ne t'aimes toi-même ; il est en mon pouvoir de te délivrer de tes croix si je le veux, et cependant je ne le fais pas. C'en était bien assez à ce grand homme. Il est facile à une âme moins éclairée que la sienne d'en tirer la conséquence ; mais qu'il est juste que nous en tirions de semblables dans nos souffrances ! Ô mon Dieu, qu'elles sont douces et consolantes ! quel repos, quelle paix ne donnent-elles pas à l'esprit, si l'on veut en faire un bon usage !

3

DES ENNEMIS DE LA CROIX, ET DES RUSES DONT L'AMOUR-PROPRE ET LA PRUDENCE DE LA CHAIR SE SERVENT POUR SE TIRER DE SES VOIES

Le grand Apôtre nous enseigne (*Philip*. III, 18) qu'il y a plusieurs ennemis de la croix, et il en parlait souvent, comme il assure, parce qu'il croyait qu'il était nécessaire de les reconnaître pour s'en donner de garde et les éviter. Mais ce qui est grandement considérable, c'est qu'il n'en peut parler qu'en pleurant, ce qu'à peine pourra-t-on remarquer dans tous les sujets dont il traite dans le reste de ses Épîtres, qui sont toutes comme autant de miracles. Disons ici qu'il n'y a point à s'étonner sur les larmes de l'homme apostolique ; ce qui nous doit surprendre, c'est de voir qu'il y ait des chrétiens qui ne soient pas dans ses sentiments, et qui demeurent insensibles où il faudrait répandre des torrents de larmes. Si la croix doit être l'exercice journalier des chrétiens, comme le déclare notre Maître dans l'Évangile ; si elle est l'unique espérance des fidèles, comme le chante l'Église ; si, dans la croix qu'il nous faut glorifier (remarquez ces mots : qu'il faut glorifier, et que l'Église ne dit pas qu'il est à propos ou utile, mais qu'il le faut) : si la croix doit être toute notre philosophie et notre théologie, toute notre connaissance et autre amour, n'est-ce pas un mal effroyable que de s'y opposer ? Et quel moyen de s'empêcher de pleurer, quand on pense qu'elle trouve des ennemis parmi ceux qui font profession de la suivre et de l'honorer ? Quel moyen de n'en pas parler souvent pour les découvrir ? Car il y en a plusieurs de cachés et de couverts, qui sont d'autant plus dangereux qu'ils sont moins aperçus.

Les mondains, les sages du siècle, les superbes et suffisants, les grands esprits qui s'en font accroire, les gens délicats, qui aiment leurs aises, qui travaillent à donner de la satisfaction à leur esprit et à leur corps, les gens curieux d'honneur et avides de gloire, qui mettent leur joie dans l'applaudissement des hommes, qui désirent d'en être estimés et aimés, qui craignent les créatures, leurs contradictions et leurs rebuts, gens amateurs d'eux-mêmes ; ce sont autant de gens qui sont opposés à l'esprit de la croix, qui leur est un mystère caché qu'ils n'entendent et ne peuvent entendre, le seul esprit de mort rendant l'âme disposée à l'intelligence de ce secret.

Il y a d'autres ennemis de la croix qui sont des politiques et qui, plus philosophes que disciples d'un Dieu-Homme crucifié, tâchent d'accommoder la doctrine de l'Évangile avec la sagesse de ce monde et la prudence de la chair : qui veulent bien, à ce qu'ils disent, que Dieu soit servi, mais qui veulent en même temps, sans le dire, que la nature le soit, et que l'amour-propre trouve son compte et sa propre satisfaction. Ils désirent de plaire à Dieu et de plaire au monde, contre ce que dit l'Écriture, que l'amitié de ce monde est ennemie de Dieu. Or, il y a plusieurs de ces gens-là parmi les personnes qui font profession de dévotion. Il y en a plusieurs parmi les prédicateurs, directeurs et confesseurs, qui sont chargés de conduire les âmes dans les voies du service de Dieu, d'où il arrive deux grands maux. Le premier, que quantité de personnes n'avancent point dans la voie spirituelle, quantité de communautés demeurent dans une manière de vie molle et lâche, dans l'ignorance et le défaut d'amour de la perfection évangélique. Le second, que Dieu est privé d'une haute gloire ; l'Église, les diocèses, les communautés, de biens immenses et inestimables, dont ils seraient remplis si l'on s'attachait uniquement à Dieu seul, si l'on avait lui seul en vue, foulant aux pieds tous les respects humains, toutes les raisons de la chair et du sang, toute l'estime et l'amitié des créatures, ne se souciant que de Dieu et allant à lui sérieusement par les saintes voies de la croix, dont nous parlons en tout ce petit ouvrage. Mais ces ennemis couverts de la croix non-seulement sont bien éloignés de la pratique de ces maximes, mais de plus ils ont de la peine à souffrir les personnes véritablement crucifiées au monde ; ils s'opposent secrètement à leur conduite ; ils détournent les âmes de la prendre ; ils les rendent suspectes ; ils soutiennent le parti du monde qui leur déclare hautement la guerre, leur suscitant d'horribles persécutions en faisant courir mille bruits à leur désavantage, et n'oubliant rien pour les rendre inutiles.

Cependant ces ennemis cachés de la croix ne manquent pas de prétextes précieux, qu'ils colorent de la gloire du Seigneur. Ils soutiennent qu'il faut avoir soin de son honneur ; qu'il se faut acquérir une réputation glorieuse ; que la naissance, les richesses, les honneurs rendent plus considérable ce que l'on dit et ce que l'on fait ; que l'estime est nécessaire pour introduire dans les esprits ce que l'on y veut insinuer ;

qu'il faut gagner l'amitié des gens, et particulièrement être bien auprès des grands si l'on veut réussir ; qu'il est à propos de se faire des amis pour en être soutenu ; qu'il faut mener une vie qui ait de l'éclat dans le monde et qui donne de la réputation ; que le mépris, les contradictions, la pauvreté sont de grands obstacles qui empêchent le bien ; qu'il faut prendre garde à ne point faire du bruit, laissant les gens bonnement comme ils sont ; que ces desseins de rétablissement de la discipline ecclésiastique dans les diocèses, ou de réforme dans les communautés, troublent la paix ; et s'il arrive que Dieu, se servant d'une personne pour l'établissement de la discipline parmi les ecclésiastiques, de l'observance régulière parmi les personnes religieuses, de la véritable dévotion parmi les fidèles qui vivent dans le siècle, le diable et les hommes s'y opposent par leurs contradictions ; et que cela fasse du bruit, aussitôt on dit que, pour le bien de la paix, il faut que cette personne se désiste ; et ces politiques travailleront de tout leur mieux à faire manquer, au moins autant qu'il est en eux, les plus grands desseins de Dieu. Il est vrai que souvent ils ne savent pas ce qu'ils font ; mais leur aveuglement tenant de leur immortification et de leur vie peu crucifiée, ou de l'attache à leurs sentiments, ils ne sont pas excusables devant Dieu, à qui ils rendront quelque jour un compte bien terrible des oppositions dont ils ont été cause, ou qu'ils ont apportées à l'établissement de ses divins intérêts.

En vérité, il est bien difficile de ne pas pleurer avec l'Apôtre, lorsqu'on pense à ces ennemis de la croix de Jésus-Christ, particulièrement quand on considère que ces sages de la terre, c'est comme en parle l'Apôtre, ne doivent pas ignorer la conduite de Dieu. Il faut de l'honneur et de l'estime, disent-ils, c'est ce dont un Dieu-Homme se prive. Il faut des créatures, il en est délaissé ; son plus fidèle ami le renie avec jurement ; un de ses disciples le trahit ; les autres s'enfuient, on n'oserait pas dire qu'on le connaît, on demeure caché. Il faut faire de beaux sermons qui plaisent ; ceux qu'il fait sont la simplicité même. L'amitié des peuples est nécessaire, ils crient qu'il soit crucifié. On doit être considéré, il passe pour fou à la cour. Une réputation glorieuse fait beaucoup, on lui préfère un larron, il sert de jouet à toute la populace, de moquerie à tous les soldats d'Hérode ; et il est dans une telle abjection, qu'il dit de lui-même qu'il est plutôt un ver de terre qu'un homme. Il est condamné, comme un criminel, dans tous les tribunaux, par les prêtres et les docteurs, par un roi, et par un gouverneur de province. On a besoin de biens ; et il est si pauvre qu'il n'a pas où reposer sa tête. Cependant, voilà la conduite d'un Dieu ; sans doute qu'elle doit l'emporter sur celle que des chrétiens peu éclairés pourraient prétendre, quoiqu'elle soit un scandale aux Juifs, et une folie aux Gentils.

Or, si Dieu s'est servi de ces moyens pour l'établissement de ses divins intérêts, ses disciples pourront-ils bien imaginer devoir prendre d'autres voies, comme s'ils avaient plus de sagesse en leur conduite ? Mais à quoi pensons-nous ? Que l'on regarde tout ce qui s'est passé depuis la publication de l'Évangile, et l'on verra clairement que l'esprit de Dieu, qui est toujours le même, n'a fait réussir ses plus grands desseins que par les croix. Qu'on lise toutes les vies des saints, et l'on verra s'il s'est servi d'autres moyens pour les élever à l'éminente perfection où ils sont arrivés. L'Évangile s'est-il établi par d'autres voies dans tous les lieux où il a été prêché, ou la discipline ecclésiastique dans les diocèses, ou les réformes dans les ordres réguliers ? Nous en avons apporté quantité d'exemples très touchants dans notre livre *Du saint esclavage de l'admirable Mère de Dieu*. Enfin, l'Apôtre dit aux Thessaloniciens (*Epist.* I, c. i, v. 2) : *Vous savez, mes frères, que notre entrée n'a pas été inutile parmi vous, mais que nous avons auparavant beaucoup souffert, et qu'on nous a chargé d'opprobres et d'injures.* N'admirez-vous point, dit saint Grégoire le Grand, que l'Apôtre parle comme s'il eût cru que son entrée eût été inutile, si elle n'eût été accompagnée d'afflictions et d'outrages ? Le père Balthazar Alvarez était bien de ce sentiment, lorsqu'écrivant à sainte Thérèse, il lui dit : J'éloigne de ma pensée que votre révérence se puisse glorifier en d'autres choses que dans les croix. Vos angoisses ne m'ont point étonné ; car je sais en quelle liberté vivent au milieu d'elles ceux qui aiment Dieu ; et j'ai eu de meilleurs succès des affaires de votre révérence par ces moyens, que par ceux que l'on espère être plus favorables.

4

NOUS DEVONS AVOIR UNE HAUTE ESTIME DE LA CROIX, ET NOUS EN TENIR INDIGNES

Il faudrait savoir ce que c'est que le paradis, ce que c'est qu'une éternité de gloire, en un mot, ce que c'est que Dieu même, pour prendre une juste estime de la croix, puisqu'en nous séparant de la terre, en nous détachant des créatures, en nous faisant renoncer à nous-mêmes, elle nous introduit avantageusement dans l'éternité glorieuse et nous met dans la jouissance d'un Dieu. Après cela nous avons beau faire, jamais nous ne pouvons estimer nos croix autant qu'elles méritent. Sainte Thérèse assure, dans le livre du *Chemin de la perfection*, que les contemplatifs estiment les travaux comme les autres l'or et les pierreries. Il est certain qu'une âme véritablement éclairée fera plus d'état d'une bonne croix que de toutes les richesses de la terre ; d'un bon affront que de tous les honneurs du monde. Elle donnerait tout ce qu'il y a de plus précieux sur la terre, toutes les couronnes, si elle les avait, pour les plus honteuses humiliations. Les ignominies et les confusions lui sont plus chères que tous les applaudissements des hommes ; elle aimerait mieux être chargée d'opprobres, et qu'on lui jetât de la boue partout où elle passe, que de se voir caressée et dans une estime glorieuse. J'ai dit autre part qu'une personne d'une éminente piété, pénétrée de ses vues, protestait qu'elle aurait de la peine à se défendre de l'amour-propre si on la prenait pour la faire mourir sur une potence en Grève. Voilà un étrange goût, diront les sages de la terre, les philosophes ; mais il est vrai que ç'a été le grand goût d'un Dieu-Homme, qui n'a vécu que pour mourir sur un gibet.

Plusieurs saints, remplis de ces véritables lumières, ont fait de grandes pénitences et de longs voyages en des lieux saints, pour obtenir de Dieu tout bon la grâce de souffrir. Notre-Seigneur a révélé que les plus grandes croix étaient des dons qu'il n'accordait qu'à la faveur de sa très-sainte Mère. Ce sont des faveurs spéciales réservées à ses favoris, qui y ont plus ou moins de part, selon qu'ils en sont plus ou moins aimés. A-t-on jamais vu de sujet sur lequel la grâce de Dieu se soit épanchée avec plus de libéralité que sur Jésus-Christ ? mais, en même temps, y en a-t-il jamais eu sur lequel la justice de Dieu se soit exercée avec tant de rigueur ? Jamais de gloire semblable à la sienne, jamais de croix qui soient égales. Après Jésus, jamais personne plus aimée de Dieu que la très-sainte Vierge, et jamais personne plus dans la souffrance.

Cela étant, il est tout clair que nous sommes indignes de l'honneur des souffrances. Nos péchés, disait le père de Condren, de sainte mémoire, méritaient bien plutôt que nous eussions part aux honneurs du siècle, à ses plaisirs et à ses richesses, et, dans cette vue, il s'écriait qu'il était grandement étonné de n'être pas du nombre de ces gens qui sont glorieux selon le monde, et, de vrai, souvent c'est le partage des réprouvés. Voyez-vous, disait encore ce saint personnage, le Grand Turc est l'un des plus grands ennemis de Jésus-Christ, et c'est le Seigneur qui a le plus de biens, de plaisirs et d'honneurs. Les pauvres, dit la bienheureuse Angèle de Foligny, les abjects, les humiliés, ce sont les favoris de Jésus-Christ, qui ont l'honneur d'être assis à sa table et de manger avec lui, étant nourris des mêmes mets ; car le Fils de Dieu a été nourri d'opprobres et de pauvreté. Le saint homme, le père Jean de la Croix, le savait bien, lorsque cet adorable Sauveur, lui mettant à son choix de lui demander ce qu'il voulait pour récompense des grands travaux qu'il avait soufferts pour sa gloire : Seigneur, répondit cet homme admirable, je vous demande seulement de souffrir, et d'être méprisé pour vous. L'âme, dit sainte Thérèse dans la *sixème demeure du Château intérieur*, connaît, avec toutes sortes de vérités, qu'elle ne mérite pas de souffrir pour un Dieu un petit travail, combien plus d'en endurer un plus grand ! Que les personnes de croix prennent donc bien garde à ces vérités, surtout pour ne pas s'en faire accroire, pour ne pas prendre mal à propos une certaine confiance de nature dans leurs états, une complaisance secrète, une estime subtile.

Ô mon âme ! Le reste de nos jours, n'ayons donc plus que des respects extrêmes pour les voies crucifiantes, voies pénibles à la nature, humiliantes devant les hommes, très-saintes dans l'ordre de la grâce, et toutes glorieuses aux yeux de Dieu, de ses anges. Déclarons nous, une bonne fois, avec notre souverain Maître. Estimons bienheureux, avec lui, ceux que l'on maudit, dont l'on dit toute sorte de mal, qui sont haïs, chassés, rebutés, qui sont dans les pleurs et les larmes. Estimons, avec le Saint-Esprit notre Dieu, qu'il vaut bien mieux aller dans une maison de pleurs que de joie. Que toutes les personnes, les lieux, les maisons, qui seront marqués au signe de la croix, soient pour nous des choses vénérables. On respecte avec sujet les images de la croix, qui ne sont que de bois ou de papier ; à plus forte raison vénérons les images vivantes, comme sont tous les chrétiens affligés. Si jamais nous rentrons dans les maisons malheureuses selon le monde, où nous ne trouvions que des familles misérables, où nous n'entendions que gémissements et soupirs, où nous ne voyions que pauvreté et misères, arrêtons-nous par respect : souvenons-nous que ce sont là les Louvres et les palais de Dieu. Et ne savons-nous pas que les hôpitaux, lieux de maladies et de douleurs, ont le privilège d'être appelés les hôtels de Dieu ? Privilège qui, dans l'usage, leur est tout singulier. Oh ! quel bonheur ! Si nous rencontrons quelque personne qui fût le rebut du monde, qui ne sût, pour ainsi dire, où donner la tête, qui fut délaissée et contredite des bons aussi bien que des méchants, abandonnée de ses proches et de ses meilleurs amis, qui servît de fable et de jouet dans les compagnies, et qui fût réduite dans l'extrémité de toutes choses par la privation des biens, de l'honneur, et de tout ce qui peut contenter les sens ; oui, mon âme, par honneur à un état si saint, nous devrions baiser la terre par où elle passe : car enfin la croix, partout où elle parait, mérite une vénération toute singulière. Si nous considérons notre divin exemplaire, l'adorable Jésus, nous verrons qu'il va au-devant de ses bourreaux, et qu'il les prévient de civilité : c'est parce qu'ils venaient le prendre pour le mener à la croix. Recevons donc, avec de profonds respects, toutes les croix qui nous arrivent, allons même quelquefois au devant par civilité ; honorons-les en nous dans toutes les personnes, dans tous les lieux où elles se font remarquer. Oui, l'on devrait descendre de cheval, par honneur, quand on passe devant les maisons affligées, avoir la tête découverte, et tout l'intérieur dans le recueillement.

Il faut pourtant dire que, parmi même les personnes de piété, il en est bien peu qui soient fidèles à l'honneur qui est dû aux croix. Hélas ! on ne veut ni de la croix ni des personnes qui la portent. On cherche une dévotion caressée, applaudie, qui soit approuvée, estimée. Les personnes dirigées courent après les directeurs qui sont dans l'éclat ; l'on court après les prédicateurs qui ont la vogue, sans beaucoup considérer les effets qui en arrivent pour l'intérêt de Dieu. Quelques dames du monde suffisent pour les mettre en crédit. On est bien aise d'avoir sous sa direction des âmes qui font du bruit par l'estime que l'on en a. On est ravi d'avoir le beau monde à son sermon. On dira : il y avait tant de carrosses qui remplissaient les rues. Ô mon Dieu, quelle pitié ! La nature se trouve partout. Quand on s'est moqué du monde et de ses conversations, elle veut avoir son compte parmi la troupe de gens de dévotion, dont on veut être aimé, et dont on est bien aise d'avoir l'estime. L'expérience fait voir que, partout, l'on se porte soi-même.

Mais les gens de croix ne plaisent pas. Il est vrai que l'on trouve encore quelques personnes qui les considèrent, les assistent et les soutiennent pendant qu'ils sont soutenus par quelques autres créatures. La contradiction des méchants ne fait pas un grand effet contre eux, tant qu'ils sont dans l'approbation des bons. L'opposition de quelques gens de dévotion n'empêche pas qu'on les considère, pourvu qu'il y en ait d'autres qui les estiment. Mais lorsque chacun se retire, et les bons et les méchants, l'on se retire avec les autres : tant il est vrai qu'il y en a peu qui ne regardent que Dieu seul : oui, Dieu seul, mais c'est dans la bouche : dans la pratique l'on veut la créature avec lui. On rougirait de demeurer avec un Dieu seul, on aurait honte, on serait dans la confusion de se déclarer pour une personne de croix, que tout le monde humilie. Aussi cette grâce est très rare, et on la remarque peu dans ceux mêmes qui d'ailleurs sont bien avancés dans les voies de Dieu. Cette grâce suppose un parfait désintéressement, un dégagement entier ; car souvent les amis des crucifiés sont mis en croix, et ont part à leurs souffrances ; elle demande une grandeur de courage, de la générosité chrétienne, n'y ayant rien de plus généreux que l'esprit chrétien. C'est pourquoi c'est une erreur insupportable, de vouloir couvrir la timidité et la lâcheté de son naturel sous de faux prétextes de vertu ; puisque la vertu n'est jamais lâche, quand elle est véritable.

L'histoire ecclésiastique est remplie d'exemples merveilleux, qui font assez voir la générosité invincible de l'esprit chrétien ; mais il faut avouer qu'elle a éclaté d'une manière admirable en quelques amis de saint Jean Chrysostome, pour la défense de sa cause. Le lecteur Eutrope en perdit la vie, et il est reconnu par l'Église comme martyr. Quantité de dames, dans la faiblesse de leur sexe, aimèrent mieux perdre leurs biens, souffrir un fâcheux exil, et se voir chargées d'injures et d'opprobres, que de quitter la défense de leur saint directeur.

Le grand Apôtre fait une estime si particulière de la générosité chrétienne que dans l'*Épître aux Romains* (c. XVI) il fait une mention honorable des personnes qui ont tenu bon pour lui et qui l'ont assisté ; il les recommande, il veut qu'on les salue de sa part en particulier. Il en marque les noms, afin que non seulement elles soient connues des fidèles de son temps, mais encore des chrétiens de tous les siècles, jusqu'à la consommation du monde. Il parle de quelques-uns qui avaient même exposé leur vie pour sa personne ; et il déclare qu'ils méritent, non seulement sa reconnaissance, mais celle de toutes les Églises. Il assure que toutes les Églises des nations les en remercient, et leur en rendent grâces. Dans la *seconde Épître à Timothée*, il prie le Seigneur de faire miséricorde à la maison d'Onésiphore, parce qu'il n'a pas eu honte de ses chaînes, et qu'étant venu à Rome il l'a cherché avec soin ; ce qui touche tellement ce grand cœur qu'il réitère plusieurs fois la prière qu'il fait au Seigneur, de lui faire miséricorde, la demandant pour sa personne, pour sa maison, pour toute sa famille. Mais n'enseigne-t-il pas, dans la même Épître à son cher Timothée, que Dieu ne nous a pas donné un esprit de crainte, mais de force ? C'est pourquoi il lui déclare qu'il ne doit point rougir de ses liens, et avoir honte de sa personne dans les humiliations où il était.

5

QUE NOUS DEVONS AIMER LA CROIX

L'amour suit l'estime ; nous aimons les choses à proportion de l'état que nous en faisons. Nous venons de parler du prix des croix, et ce petit ouvrage est plein de motifs qui sont bien capables de nous en faire voir la valeur et de presser de les aimer. Mais, en un mot, disons ce qui peut porter la dernière conviction dans l'esprit ; touchant l'obligation que nous avons d'avoir de l'amour pour les croix. Jésus Dieu-Homme les a aimées ; donc elles sont aimables. Il les a aimées avec des ardeurs inexplicables ; donc elles doivent être les sujets de nos plus fortes complaisances. Que les hommes disent tout ce qu'ils voudront ; quand tous ensemble s'uniraient pour nous insinuer le contraire, il en faut demeurer aux sentiments d'un Dieu. Tous les hommes peuvent se tromper, un Dieu ne peut ni se tromper, ni tromper les autres. Celui qui le suit marche dans la lumière et la vérité : tout autre chemin est égaré et plein de ténèbres.

L'adorable Jésus notre Dieu a aimé les souffrances.

Elles ont été son trésor, sa joie, sa gloire, ses délices, son cœur, son amour. Il épouse la croix dès son entrée au monde, c'est pourquoi il est l'homme de douleurs ; il ne la quitte point, il y vit, il y meurt. Vous diriez qu'il ne trouve point de termes pour expliquer à son goût les inclinations qu'il a pour elle. Il ne lui suffit pas de dire qu'il la désire, mais il assure qu'il la désire d'un désir, c'est-à-dire d'un désir que les anges et les hommes doivent adorer, mais dont ils ne pourront jamais pénétrer la grandeur. L'amour de la croix le presse si vivement que des personnes de toutes sortes d'âges et de conditions l'environnant, en sorte que l'on se foulait les uns les autres, tout à coup il s'écrie au milieu d'un long discours : *J'ai été baptisé d'un baptême*, entendant parler de sa passion ; *et comment suis-je pressé jusqu'à ce qu'il s'accomplisse ?* (Luc. XII, 50) Mais cet amour l'occupait si continuellement que dans le temps même qu'il faisait paraître les éclats de sa gloire sur le Thabor, il s'entretient des excès de peines qu'on lui devait faire souffrir. Ce n'est pas tout, il est tellement transporté de l'amour de la croix qu'il appelle Satan le prince des apôtres, lorsque par une grande bonté naturelle il veut l'en détourner ; et il nomme Judas son ami, lorsqu'il lui donne le moyen d'aller au supplice qu'il y doit endurer. Il dit à saint Pierre dans cette occasion, qu'il se retire de lui, qu'il lui est un scandale : et il se lève et va au-devant du disciple qui le trahit pour lui donner le baiser de paix. Madeleine, sa grande amante, n'aura que ses pieds ; Jean, son heureux favori, aura la poitrine ; mais sa bouche est réservée pour Judas. C'est la réflexion de l'auteur du *Livre de la croix*.

Quel moyen de savoir toutes en vérités, de connaître tous ces amours précieux de Jésus pour la croix, sans prendre feu, et être tout de flamme pour les peines et souffrances ? Disons avec le Saint-Esprit que ceux qui sont à Jésus-Christ sont des crucifiés. Être chrétien, et porter la croix, c'est une même chose. Mais apprenons de l'un des premiers chrétiens, le grand amant de la croix, la belle manière de l'aimer. C'est le glorieux saint André dont nous parlons. Il déclare à haute voix qu'*il l'a aimée avec soin* ; ce n'a pas été d'un amour lâche, négligent, paresseux, tiède. *Qu'il y avait longtemps qu'elle était le sujet de ses désirs* ; il ne souhaitait pas le jour de l'homme, pour parler avec l'Écriture (*Jer.* XVII, 16), c'est-à-dire, les délices et les honneurs de la vie présente. *Qu'il l'avait recherchée sans aucune intermission* ; ce n'avait pas été seulement dans les transports d'une oraison de lumière et de douceurs, et parmi les consolations, ou au milieu des mouvements agréables d'une dévotion sensible ; mais parmi les aridités et les dégouts, le jour et la nuit, en en tout temps et en toutes sortes d'occasions et d'états, sans jamais relâcher rien de l'ardeur qui le faisait soupirer continuellement après elle. D'aussi loin qu'il l'aperçoit, il la salue, il lui rend les respects, il ne s'en cache pas aux juges, il n'a pas honte de l'Évangile. Tout à coup même il s'écrie, comme un homme transporté, aussitôt qu'il la voit, vous diriez qu'il est ivre de son amour ; et sans se mettre en peine de ce que diront les hommes qui la regardaient comme maudite, il l'appelle bonne, précieuse ; il lui présente ses hommages, et lui adresse ses prières. Vous diriez qu'il va aux noces ; mais je ne me trompe pas, la croix est le lit nuptial des âmes et des épouses d'un Dieu-Homme. Il y va tout en joie, dans une dernière assurance ; car il est vrai que c'est une voie sûre pour le ciel. Il prie, il conjure, mais avec toutes les instances possibles, les peuples qui l'en veulent délivrer, de ne le pas priver de ce bonheur, de ne lui pas ravir cette gloire ; il se sert de cette aimable croix, comme d'une chaire sacrée, y étant attaché sans mourir, durant deux jours, pour prêcher à tout le monde les divins mystères de notre sainte religion. J'invite tous les amants de la croix à venir à cette école, pour y apprendre une bonne fois à aimer de la belle manière les souffrances.

6

QU'IL FAUT RECEVOIR LES CROIX AVEC JOIE, AVEC ACTIONS DE GRÂCES, AVEC ÉTONNEMENT

Celui qui a un véritable amour pour la croix ne souffre pas seulement avec patience, comme le remarque saint Bernard, mais encore avec joie. Agir d'une autre manière, c'est manquer de foi, puisque la foi nous enseigne que les croix sont les plus grandes grâces de Dieu ; si l'on était intimement persuadé de cette vérité, comment pourrait-on n'avoir point de joie quand on en est favorisé ? Si un grand roi vous honorait d'un don très précieux, n'en seriez-vous pas tout ravi ? Faudrait-il vous exhorter à la patience ? Mais que dirait ce monarque, mais que dirait tout le monde si on savait que vous eussiez reçu ce don précieux seulement avec patience ? Aussi le Fils de Dieu, parlant de la manière d'accepter les plus rudes croix, dit à ses disciples : *Réjouissez-vous et tressaillez de joie.* (Matth. V, 11, 12) L'Apôtre, entrant dans les sentiments de son divin Maître, proteste qu'il est non-seulement rempli de consolation, mais qu'*il surabonde de joie dans toutes ses tribulations* (II Cor. VII, 4) ;

et parlant des premiers chrétiens, il dit que l'abondance de leur joie a été dans la multitude de leurs tribulations. Mais le Saint-Esprit nous enseigne en l'*Épître de saint Jacques* (c. I, v. 2), que plusieurs sortes de souffrances sont la matière de toutes sortes de joies. Ainsi, selon la doctrine du Saint-Esprit, les croix doivent être le sujet, non seulement d'une grande joie, mais de toutes les joies. Figurons-nous donc la joie d'une personne pauvre à laquelle des richesses immenses arriveraient ; d'une personne, qui aimerait les délices de la vie, qui en gouterait toutes les douceurs apparentes ; d'une personne abjecte qui serait élevée sur le trône, à laquelle on donnerait une couronne. Figurons-nous la joie des marchands qui font de grands gains dans leur trafic, des laboureurs qui font une heureuse récolte, des généraux d'armées qui gagnent des batailles, des rois dans la conquête des villes et provinces, des malades dans le recouvrement de leur santé, des captifs dans la délivrance de leurs chaînes, des plus affligés dans la cessation de leurs peines, et enfin tous les sujets de joie qui peuvent arriver généralement, et sans réserve ; toutes, ces joies doivent être les joies d'une personne crucifiée. Ne nous étonnons donc plus si le Fils de Dieu a dit que dans les souffrances il faut tressaillir ou bondir de joie. Ce ne serait pas exagérer, quand on dirait qu'il en faut mourir. Combien de personnes en sont mortes pour des sujets qui ne sont rien, comparés aux véritables, aux grands et extraordinaires que les croix nous donnent !

Mais il est vrai que la joie chrétienne ne dépend en rien du sensible : elle a son siège dans le centre de l'âme, où souvent elle n'est point aperçue de la partie inférieure, même raisonnable. Elle y demeure cachée pour y demeurer dans sa pureté ; ses écoulements sur la partie sensitive, qui arrivent quelquefois, sont très exposés au danger de l'amour-propre, par la satisfaction qui en découle. Elle compatit très bien avec la tristesse de la partie inférieure, ce qui est évident en Notre-Seigneur Jésus-Christ. L'Apôtre qui dit (*I Cor.* VII, 4) qu'il surabonde de joie en toutes ses tribulations, ne laisse pas d'avouer qu'elles l'ont affligé jusqu'à lui faire porter la vie en ennui. Ce qui marque évidemment qu'il le faut entendre de la joie qui est en la suprême partie de l'âme, autrement il tomberait en contradiction. Nous ne nions pas pour cela que la partie inférieure et sensitive de l'Apôtre n'y ait eu part en quelques rencontres. Nous disons seulement qu'il suffit que la joie soit dans la cime de l'âme, qu'il prend son contentement en l'ordre de la divine conduite sur elle, quoique souvent dans le sentiment elle ne ressente qu'une tristesse accablante. Cette joie n'empêche pas même les plaintes modérées de la partie inférieure, lorsque les sens ressentent toutes les afflictions, et qu'ils se plaignent, Notre-Seigneur les regardent comme de petits enfants qui pleurent quand on les châtie. Qui les voudrait empêcher de pleurer, les étoufferait. Mais cette joie fait que, malgré les sentiments contraires, l'on est ravi d'être dans la peine, qu'on en marque l'estime à tout le monde, que partout l'on fait état des croix, tant de celles qui nous arrivent que de celles que nous remarquons dans les autres. Il y en a même qui s'écrient en ces occasions, pour se congratuler d'un si grand présent du ciel. L'on témoigne et de vive voix, et par écrit, l'estime que l'on en a, et il est bien juste. Si les gens du monde se congratulent tant pour quelque bonne fortune qui leur sera arrivée ; Ô Dieu ! quelle glorieuse fortune, selon l'esprit de Jésus-Christ, que celle des souffrances ! Je sais qu'elles sont rudes à la nature, mais si l'avare, disait le père Balthazar Alvarez, avait employé beaucoup d'argent à façonner sa vigne, et qu'il la vît grêlée, ce qui sans doute l'affligerait beaucoup : si, dis-je, cet avare apprenait qu'elle aurait été grêlée par une grêle d'écus, son affliction serait bientôt changée en la plus douce consolation qui lui pût arriver. Or, mon âme, apprenons que les croix sont autant de pièces d'or du ciel, elles en sont les pierres précieuses.

Tous ces objets de joie en même temps le sont d'actions de grâces. C'est pourquoi il faut bien prendre garde à n'en être pas ingrat. Aussitôt donc qu'il nous arrive quelque affliction, soit au corps, soit à l'esprit, et de quelque part qu'elle arrive, mettons-nous aussitôt à genoux pour en remercier la divine Providence ; et plus l'affliction est grande, plus elle mérite de reconnaissance et d'application, soit pour faire célébrer des messes en action de grâces, soit pour pratiquer quelques bonnes œuvres, comme jeûnes, pèlerinages, aumônes, visites de malades, de prisonniers, et autres semblables. Le grand serviteur de Dieu, le père Jean Chrysostome, du troisième ordre de Saint-François, le savait bien, lui qui s'était engagé par vœu de jeûner cent jours en l'honneur de saint Joseph, s'il pouvait obtenir de Dieu tout bon, par son intercession, d'être méprisé de tout le monde. Dans ces occasions, les amis chrétiens s'assemblent pour s'unir à remercier Dieu ; car l'on n'oublie rien pour marquer sa reconnaissance. Ceux qui sont plus éclairés en donnent avis aux autres, afin que les dons de Dieu ne demeurent pas sans être reconnus. Un seigneur d'Angleterre ayant perdu tout son bien et étant réduit à la pauvreté, en fit chanter le *Te Deum* dans une communauté. J'ai su une femme qui, ayant perdu son procès, vint faire célébrer la sainte messe en action de grâces. Si l'on remercie Dieu dans la guérison d'une maladie, dans la délivrance d'une fâcheuse affaire, à plus forte raison dans l'événement d'une bonne croix : car si un pauvre vous témoigne ses obligations pour un écu que vous lui donnez, que doit-il faire si vous lui donnez cent pistoles ? Or, les croix sont les plus riches présents du ciel. Souvent notre ingratitude nous en prive, ou fait que Dieu nous retire celles qu'il nous avait envoyées, et nous laisse à nos plaisirs, comme le Grand Turc, tant de seigneurs infidèles, et tant de réprouvés qui abondent en délices et en honneurs en ce monde.

Enfin si notre bon Sauveur nous traite comme ses favoris, ne nous épargnant point les croix, n'avons-nous pas tout sujet de nous en étonner, nous qui mériterions pour nos péchés d'être abandonnés à nos désirs et aux aises de la nature ? Oh ! quel étonnement, quand on considère que Dieu tout bon semble quelquefois renverser toutes choses, pour nous accorder le grand bonheur des souffrances ! Vous verrez des pères abandonner leurs enfants, des enfants maltraiter leurs pères, des maris souffrir de leurs femmes, des femmes de leurs maris, vos meilleurs amis vous délaisser, ceux qui vous ont plus d'obligation, vous maltraiter ; des juges se fermer les yeux, jugeant tout autrement qu'il ne faut ; des supérieurs se préoccuper, sans relâcher rien de leur préoccupation ; des gens de bien se tromper ; des personnes d'une éminente vertu être dans l'erreur ; des témoins s'aveugler, et le démon, comme dit sainte Thérèse, traîner presque tout le monde après soi dans les bruits qu'il fait courir. Certainement ces grands coups du ciel en sont les coups de grâces. Étonnons-nous donc avec sujet si nous en sommes honorés, mais ne cessons jamais de nous en étonner. Le don des souffrances est une grâce trop précieuse pour des gens tels que nous sommes.

Cela est bon pour les favoris d'un Dieu Assurément dans ces occasions il faut s'en prendre à la faveur de la Reine du ciel, des saints anges, ou de quelques autres saints du paradis qui nous ont procuré de telles grâces.

7

QU'IL FAUT PORTER SA CROIX AVEC TOUTES SES DIMENSIONS

Quoique nous ayons déjà traité amplement de la manière dont il faut porter la croix ; comme c'est une matière dont on ne peut trop parler pour en faire un saint usage, nous dirons encore ici qu'en portant sa croix, il faut prendre garde à la porter avec toutes ses dimensions, dont, au sentiment de saint Augustin et de saint Anselme, l'Apôtre écrit aux Éphésiens, et qu'il estime si mystérieuses que pour les comprendre avec tous les saints, car tous les saints en ont en la science, et pour en obtenir l'intelligence aux fidèles à qui il écrit, il fléchit les genoux devant le Père de Notre-Seigneur Jésus-Christ, afin que, selon les richesses de sa gloire, il les fortifie de sa vertu par le Saint-Esprit. (*Éphes.* III, 14, 16.) Il est très vrai que, sans un secours particulier de cet esprit divin, ces mystères demeureront toujours cachés spécialement aux prudents du siècle et aux sages du monde, qui fuient les souffrances, et qui estiment qu'il y va de leur honneur de les éviter.

Appuyés donc uniquement sur la lumière et sur la

vertu de Jésus-Christ que nous demandons en toute humilité, prosternés et abîmés devant la majesté infinie du Père éternel, et que nous demandons par le Saint-Esprit, au nom glorieux de Jésus, de sa bienheureuse Mère, de tous les bons anges et saints, reconnaissant que nous en sommes entièrement indignes, nous disons qu'il faut porter la croix avec toutes les dimensions que saint Paul lui attribue, c'est-à-dire, avec sa largeur, sa longueur, sa hauteur et sa profondeur : et c'est en cela que consiste particulièrement la connaissance de la charité de Jésus-Christ, où toutes les sciences humaines ne peuvent arriver, et qui est donnée à ceux dans lesquels l'adorable Jésus demeure par la foi, et qui ont un bon fondement, et ont jeté de profondes racines dans son amour.

Or, il faut entendre par la première dimension de la croix, qui est la largeur, toutes les circonstances, effets et suites qui accompagnent, ou qui suivent les croix que nous portons. C'est une grande pitié de voir des personnes qui s'imaginent vouloir bien porter la croix (si elles ont un peu de vertu, elles seraient honteuses de dire et de penser autrement) ; mais ce qu'elles voudraient bien, ce serait de ne pas porter telle et telle croix, à raison de ses circonstances ou de ses effets. Elles ne se soucieraient pas, disent-elles, de la pauvreté : mais la honte, les mépris, la dépendance qui en arrivent, c'est ce qui leur fait peine. Elles souffriraient volontiers leurs maladies ; mais ce qui les afflige, c'est que cela les empêche d'aller à l'église, de faire les exercices communs de la communauté ; si c'est un prédicateur, un missionnaire, cela le prive du bien qu'il pourrait faire, cela est incommode aux autres personnes, cela est à charge, l'on devient inutile. L'on serait content d'aller en un lieu, de changer de demeure, quoique la nature en souffre ; mais ce qui tourmente, c'est qu'on n'y aura pas plusieurs moyens que l'on avait autre part et qui semblent très utiles. L'on serait ravi d'être crucifié, mais non pas de certaines sortes de tentations, ou de croix intérieures. L'on serait bien aise d'endurer des contradictions, mais de les souffrir de certaines personnes proches, ou qui nous sont très obligées, ou bien pour une faute que l'on n'a pas faite, c'est ce qui est sensible. Or, toutes ces personnes ne voient pas que ces pensées sont suggérées par notre amour-propre, que pendant qu'il nous amuse de l'estime et de l'amour des croix que nous n'avons pas, il nous veut empêcher de porter chrétiennement celles qui nous sont données. Celles que nous avons sont les croix que Jésus-Christ veut que nous portions, et non pas celles que nous nous figurons.

Il faut donc porter sa croix avec sa première dimension, qui est la *largeur*, quelques circonstances qui y puissent être. Dieu ne le sait-il pas, et ne le voit-il pas bien ? Certainement c'était une chose bien fâcheuse au bienheureux Robert d'Artus d'Arbrisselles d'être noirci publiquement par des bruits qui le chargeaient des crimes infâmes propres aux hérétiques illuminés. Il était fondateur d'ordre, et d'un ordre de filles aussi bien que d'hommes ; et ainsi il semblait qu'il avait besoin de sa réputation, et d'autant plus que cet ordre avait beaucoup de contradictions ; et nous voyons encore tous les jours des personnes qui ont peine à le goûter, quoique sans un véritable sujet. Les crimes qu'on lui imputait regardaient la pureté, ce qui devait être bien sensible au fondateur qui gouvernait les filles ; c'était un peu auparavant sa mort, dans le temps où ordinairement la réputation doit être établie ou jamais. Il souffrait particulièrement de Geoffroy, abbé de Vendôme, personnage très célèbre, qui lui écrivit une lettre dans laquelle il exhorte ce saint homme de se comporter plus discrètement avec les femmes ; parce que, disait-il, il se montrait rude aux unes, jusqu'à les tourmenter de faim et de soif, etc., et était doux et affable aux autres, les fréquentant même la nuit. Cependant ce grand serviteur de Dieu et de la très-sainte Vierge, voyant bien que cette croix, pour honteuse qu'elle lui pût être, était sa croix, il la portait dans une grande paix, jusque-là qu'il ne fit aucune réponse à la lettre du célèbre abbé de Vendôme. Ses religieuses ne manquèrent pas de le soutenir glorieusement, disant qu'on lui imputait de faux crimes ; mais l'homme de Dieu abandonna sa défense à la divine Providence. Au reste, tous les dévots de la sainte Vierge lui doivent beaucoup de reconnaissance, pour avoir établi un ordre dans l'Église, dont la fin principale est d'honorer la maternité de la sainte Mère de Dieu, qui est aussi la mère de tous les fidèles. C'est pour ce sujet qu'il a voulu une dépendance singulière des religieux de ce saint ordre à l'égard des filles, pour imiter la dépendance du disciple bien-aimé, le glorieux saint Jean l'évangéliste, à l'égard de la Vierge des vierges. Chose à la vérité qui est singulière à cet ordre, mais qui n'en est pas moins recommandable, et qui lui est si essentielle que (comme l'a dignement remarqué le feu père de Condren de sainte mémoire, personnage qui avait des lumières angéliques et un amour de séraphin, n'aimant que Dieu seul), ce serait le détruire que de le changer, ayant été inspiré de Dieu pour honorer dans l'Église, d'un culte spécial, la maternité de la sainte Vierge, et la filiation adoptive de tous les fidèles en la personne de l'aimable saint Jean l'évangéliste, qui doit être le saint de la grande dévotion de tous les enfants de Marie. Nous en avons fait un chapitre dans notre livre De *l'Esclavage de la Mère de Dieu*.

De plus, il faut porter sa croix avec sa seconde dimension, qui est la *longueur*, c'est-à-dire sa durée, tant de temps qu'il plaira à Dieu tout bon de nous la faire porter. Saint François d'Assise a toute sa vie été un homme de croix ; mais il souffrit durant deux années des peines extraordinaires d'esprit, qui lui causaient quelquefois un tel ennui dans la partie inférieure qu'il ne souffrait pas pour lors qu'aucun religieux lui parlât. Saint Hugues, évêque de Grenoble et plusieurs autres saints, ont souffert des peines d'esprit jusqu'à la mort. Sainte Brigitte assure que le ciel lui a révélé que la très-sainte Vierge eut la connaissance des tourments de son Fils bien-aimé, dès l'enfance de ce divin Sauveur. Sainte Thérèse dit la même chose, déclarant l'avoir apprise de Notre-Seigneur par la révélation. Ainsi cette mère d'amour fut, depuis ce temps-là, une mère de douleur, qui lui a continué le reste de sa très-sainte vie, par le souvenir du Calvaire. Mais l'adorable Jésus a toujours été dans la souffrance l'espace de plus de trente-trois années, qui ont fait le cours de sa précieuse vie, et cela jour et nuit, en tout temps et en tout lieu.

C'est pourquoi le calice qu'il dit, en saint Matthieu, qu'il boira, il assure qu'il le boit, en saint Marc. Après tout cela, selon le sentiment de quelques Pères, par ces paroles : *Mon Dieu, mon Dieu, pourquoi m'avez-vous délaissé* (*Matth.* XXVII, 46) ? il témoignait qu'il n'était pas encore satisfait de ses peines, comme s'il eût voulu dire : Pourquoi délaissez-vous ainsi mon corps aux faiblesses qui le conduisent à la mort ? Que ne le fortifiez-vous par miracle, afin qu'au lieu de trente-trois années que j'ai souffert, je puisse souffrir durant plusieurs siècles ! Il ne faut pas s'étonner ensuite si le glorieux saint François Xavier, qui disait à Dieu dans les consolations : En voilà assez, mon Seigneur ; lui disait-il dans les souffrances : Encore plus, mon Dieu, encore plus ; si sainte Thérèse enseigne, en la *cinquième demeure du Château intérieur*, que ce serait un repos, si les travaux que nous souffrons ne finissaient point jusqu'à la fin du monde, souffrant pour un Dieu si bon ; s'il se rencontre des personnes dans des croix terribles, à qui la seule pensée d'en être délivrées fait peur, qui se sentent saisies d'une certaine tristesse, quand elles pensent que Dieu tout bon pourra bien mettre fin à leurs travaux, et apporter quelque changement dans leurs affaires. J'ai connu des personnes à qui cela est arrivé plusieurs fois ; et je sais que leur témoignage est véritable.

Il faut encore porter sa croix avec la troisième dimension, qui est la *hauteur*, c'est-à-dire la multitude de ses peines, qui arrivent les unes sur les autres ; en cela semblables aux eaux (et l'Écriture les y compare [*Job* XIV, 19]), que nous voyons grossir insensiblement, monter et s'élever par leur abondance, et puis ensuite se déborder.

Enfin, il faut porter sa croix avec la quatrième dimension, qui est la *profondeur*, c'est-à-dire la grandeur du tourment qu'elle fait souffrir, pénétrant dans le plus interne, et touchant jusqu'au vif ; et nous devons en tous les états ne point détourner les yeux de dessus notre divin Maître, dont la pleine connaissance lui appliquait, à chaque moment tout à la fois ce qu'il devait souffrir successivement par parties, et en différents lieux, qui ressentait d'une manière admirable tous les tourments des martyrs, les persécutions des fidèles, les travaux de l'Église, l'horreur du péché, et spécialement de tous ceux à qui sa précieuse mort serait inutile par leur faute, ne correspondant pas à son amour, l'abandon de son Père, dont il était traité comme s'il eût commis tous les péchés des hommes. Oh ! que ce spectacle donne de fortes inclinations pour la croix ! En vérité il y a des âmes qui en sont insatiables, dont la soif ne peut être apaisée, qu'on ne peut rassasier d'opprobres. Mais que faisons-nous, nous autres misérables pécheurs ? Hélas ! l'on dit assez qu'il faut supporter la croix, et l'on fait tout ce que l'on peut pour ne pas la rencontrer, ou pour s'en défaire quand on l'a trouvée. Si l'on a à se vêtir, l'on veut un bon habit ; à se loger, une belle maison ; à se nourrir, des viandes délicates ; et l'on n'oublie rien pour avoir ses aises. Si l'on voyage, l'on demande où est la bonne hôtellerie, et dans l'hôtellerie la bonne chambre, et dans la chambre le bon lit. Dans les saisons de l'année, l'on ne cherche que le beau temps : enfin partout, si l'on y prend garde, l'on ne veut point de la croix. Si Dieu tout bon en envoie que l'on puisse éviter, l'on s'occupe l'imagination dans le désir d'en être délivré, ou l'on se figure que d'autres nous seraient plus propres, souhaitant par un dérèglement extrême avoir ce que l'on n'a pas, et ce que Dieu par conséquent ne veut pas de nous ; et ne pas avoir ce que l'on a, et ce que Dieu demande.

8

LA PARFAITE CROIX EN LA PERSONNE DE LA SÉRAPHIQUE SAINTE THÉRÈSE

Il y a des croix commencées, il y en a qui sont beaucoup avancées, et il y en a de parfaites qui sont entièrement achevées, qui sont dans leur totale consommation, et à qui rien ne manque. Comme ces dernières sont assez rares, par le défaut d'usage, par le peu de correspondance aux mouvements de la grâce et aux desseins de Dieu, par notre peu de vigueur et de courage, et surtout parce que nous ne savons pas assez estimer le don de Dieu, que nous lui en sommes ingrats, et ne nous appliquons pas à l'en remercier, l'en bénir, l'en aimer, souffrant avec actions de grâces et dans la croyance que nous en sommes entièrement indignes, ce qui est une vérité très assurée, nous avons pensé de proposer un exemple de l'une des plus belles croix et des plus achevées que Notre-Seigneur ait plantées dans son Église, pour nous donner du feu dans nos glaces, et nous animer généreusement à ne point mettre d'obstacle à la grâce divine, nous abandonnant sans réserve à toutes ses divines motions, afin qu'elle achève pleinement en nous les croix qu'elle y travaille par une miséricorde spéciale de Notre-Seigneur Jésus-Christ et de sa très-sainte Mère.

C'est la divine Thérèse dont nous venons de parler, pour dire seulement un mot dans ce petit abrégé de sa très douloureuse passion, qui est un accomplissement sacré, pour m'expliquer aux termes de l'Apôtre, des passions ou souffrances inconcevables de Notre Seigneur Jésus-Christ. Tout ce qui me fait peine à ce sujet, est d'être obligé à me restreindre dans une aussi vaste matière, selon le dessein de ce petit ouvrage. La passion ou les croix de cette amazone chrétienne, ne sont avec justice que de très grands et très dignes sujets des plus gros et étendus volumes : comment donc en pouvoir traiter dans l'espace d'un petit chapitre d'un ouvrage qui n'est qu'un abrégé très raccourci ? C'est pourquoi j'avoue ingénument que ce n'est pas tant un portrait des souffrances de la sainte que je fais ici, comme c'en est un faible et léger crayon que j'en donne. Adorons seulement, vous qui lisez ceci, et moi avec vous, Jésus souffrant dans les souffrances de sainte Thérèse ; honorons la passion de notre débonnaire Sauveur dans celle de sa généreuse servante ; pensons aux douleurs de la sainte, pour nous élever à celles du Saint des saints. Faisons-en quelquefois le sujet de nos entretiens et de nos communions, faisons célébrer la sainte messe en actions de grâces du grand usage que cette âme séraphique en a fait, afin d'obtenir par ses puissantes intercessions la grâce de l'imiter en sa fidélité.

Allons voir ensuite, ô mon âme, ce prodige de grâces qui a paru à toute l'Église, en nos derniers siècles. Ô Dieu ! quel spectacle se présente à nos yeux ! Mon âme, le peu de vue que nous en avons, et hélas ! ce n'est rien, nous découvre l'une des plus belles et des plus achevées croix qui aient jamais paru. Nous avons dit que nous n'en dirions qu'un mot ; en un mot donc je vois le ciel, la terre, l'enfer, Dieu, la très-sainte Vierge, les anges, les saints, les bonnes et méchantes personnes d'ici-bas, et les démons mêmes conspirer tous unanimement, quoique avec des fins différentes, à bâtir cette croix. Jamais y a-t-il eu d'ouvrage travaillé avec une plus grande, plus savante ou plus expérimentée multitude d'ouvriers ? La manière dont on compose cette croix vivante renferme son corps et toutes ses parties, ses sens extérieurs, son âme et ses puissances ; ce qui la touche dans le bien naturel, temporel et moral : soit que vous y regardiez l'utile ou l'agréable, soit que vous y considériez l'honorable ; ce qui la touche dans le bien spirituel et surnaturel ; peut-on se figurer une plus vaste et plus riche matière de croix ? Si toutes les peines, selon le témoignage de cette sainte, sont autant de pierres précieuses, peut-on rien voir de plus précieux et plus brillant ? Il faut que toutes les plus fortes vues des créatures mortelles d'ici-bas se ferment à tant de divines lumières, il n'y a pas moyen d'en supporter l'éclat. Mais, mon âme, ne vois-tu point que cette femme forte, et dont l'on aurait de la peine à trouver le prix, quand on la chercherait jusqu'au bout du monde, travaille elle-même à se faire d'elle-même une croix ? Voilà ce qui la rend parfaite ; Dieu veut qu'avec tout le reste de ses créatures, et même avec sa divine main, nous y mettions la nôtre ; sans cela l'ouvrage ne s'achève point.

Le corps de la sainte n'est qu'une pure croix. Apprenons-en la vérité de sa bouche : elle assure qu'elle était pleine de douleurs depuis les pieds jusqu'à la tête. Hélas ! voilà bien de quoi être crucifiée, quand elles seraient légères, à raison de leur multitude ; mais elle déclare qu'elles étaient si aiguës, que l'on pensait que ce fut une rage ; et de vrai elles l'empêchaient de prendre aucun repos, ni le jour, ni la nuit même, qui est destinée pour quelques soulagements. Elle fut si desséchée et brulée, que ses nerfs commencèrent à se retirer. Il lui semblait que ses os étaient hors des jointures : cela allait quelquefois jusqu'à la priver de sentiment, ce qui lui est arrivé une fois durant quatre jours. Elle fut même jugée morte, et mise en état d'être enterrée, les cierges brûlant à l'entour de son corps, dont les yeux se trouvèrent fermés par la cire qui tombait dessus. D'autres fois elle était comme une personne qu'on étrangle, l'on ne pouvait plus la toucher. Mais peut-être que ces peines corporelles ne lui ont pas duré longtemps. Elle a été trois ans percluse. Durant vingt ans elle a eu des vomissements.

Elle dit, dans la *sixième demeure du Château intérieur*, parlant d'elle, qu'elle connaît une personne qui ne peut pas dire avoir passé un jour sans douleur, et qu'elle en a de toutes les sortes. Remarquez bien ceci, *et qu'elle en a de toutes les sortes*. De plus, il faut savoir que ce n'est pas une imagination qui se flatte dans la grandeur de ses peines, puisque, selon le sentiment des médecins rapporté au chapitre XXXII de sa vie, elle a enduré des douleurs des plus terribles qui se puissent souffrir en ce monde. Après tout, cette incomparable sainte, très véritable en ses paroles, et très éloignée de toute complaisance, qui avait un courage invincible, et qui surpassait son sexe, assure que Dieu seul sait les maux qu'elle a soufferts en son corps ; elle rend ce témoignage à la vérité dans les premiers chapitres de sa vie, où elle rapporte encore tout ce que nous avons dit ici, quand nous n'avons point cité le lien où elle le dit. N'est-il donc pas bien vrai que son corps virginal était une pure croix, dont la grandeur et le prix ne peuvent être connus des hommes, puisque, comme elle le déclare, il n'y a que Dieu seul qui en sait les maux et les peines ?

Si la sainte était une croix en son corps, elle l'était encore d'une manière bien plus parfaite en son esprit. L'esprit ne surpasse pas tant en noblesse le corps, comme les croix intérieures et spirituelles surpassent en excellence les croix corporelles et extérieures. Ayant été conduite par le Saint-Esprit dans le désert intérieur, elle y passa une bonne partie de sa vie, sans y recevoir de ces rosées du ciel, qui ne laissent pas de tomber pour les autres, de temps en temps, dans ces affreuses solitudes. Pour elle, elles ne lui étaient que comme ces montagnes de Gelboé, où la pluie ne tombe point ; ou comme cette terre du Psalmiste, qui est sans eau et sans chemin. Elle ressentait une profonde tristesse, et ne savait que devenir parmi tous ces maux intérieurs. Elle ne recevait que des plaies du ciel, en même temps que la terre la faisait souffrir de toutes parts. Elle était toute crucifiée en son corps, elle était toute crucifiée en son esprit. Mais si vous me demandez ce que c'est que ces croix, la sainte vous répondra d'elle-même dans l'histoire de sa vie, qu'il n'y a que Dieu seul qui sache les maux qu'elle a soufferts extérieurement, comme nous l'avons déjà dit ; à bien plus forte raison donc les maux intérieurs ne seront pas connus des créatures : aussi dit-elle, en la *sixième demeure du Château intérieur*, que ce sont des angoisses qu'on ne peut nommer. Si pourtant vous la pressez au moins de nous en rapporter quelque chose de ce qu'elle ne peut dire, elle qui y était si savante, elle assure dans le même lieu que nous venons de citer, que ce sont des peines qu'elle ne sait à quoi comparer, qu'à celles des enfers. Hélas ! c'en est beaucoup dire en peu de paroles ; et cependant nous conjecturons ce que ce peut être, quand avec tout cela elle déclare qu'on ne les peut nommer.

Mais, me direz-vous, ces grâces extraordinaires que le ciel lui faisait la consolaient beaucoup au milieu de ses souffrances, aussi bien que tant d'approbations de notre bon Sauveur, de sa sainte Mère et des anges et des saints. Il est vrai que cela était bien capable de la consoler : mais parmi des peines horribles qu'elle portait, comme celle qui lui arriva le jour de l'établissement de sa première maison, on lui ôtait la liberté de réfléchir sur ses lumières, sur les apparitions et sur tous les ordres que Notre-Seigneur lui avait donnés. D'ailleurs ses grâces lui paraissaient un songe, une imagination ; il lui venait mille doutes des plus grands, elle pensait être trompée ; et dans cette vue, hélas ! ses grâces, au lieu de la soulager, lui étaient un sujet d'une extrême douleur. Il lui venait en esprit qu'il suffisait bien qu'elle fût déçue, sans encore tromper les autres.

Que fera donc cette incomparable sainte au milieu de toutes ces angoisses ? Si elle cherche un secours, Dieu, dit-elle au chapitre XX de sa *vie*, ne permet pas qu'elle en trouve. Étrange croix, dont les tourments, selon la sainte, sont intolérables, et avec cette extrémité de peines laissent l'âme sans secours ni soulagement. Si l'on veut rentrer en soi-même pour y rencontrer quelque remède, on a les yeux bandés (c'est la sainte qui parle) : on ôte à l'âme le pouvoir de penser à aucune bonne chose, et le désir d'aucun acte de vertu. La foi est pour lors comme amortie, et toutes les autres vertus. Elle croit n'aimer pas Dieu. Il semble que jamais l'on ne s'est souvenu de Dieu. L'entendement demeure quelquefois si obscurci, que l'on est comme sans lumière et sans raison, et il ne vient en l'esprit que ce qui peut contrarier. Si l'on veut s'appliquer à l'oraison, c'est encore augmenter sa croix et redoubler ses peines.

La sainte tâchait de faire de bonnes œuvres extérieures, et elle dit que cela lui servait peu. Si elle se retirait en solitude, elle y était tourmentée ; si elle conversait avec quelques personnes, elle y endurait beaucoup : la conversation est pour lors insupportable ; il semble qu'on aurait le courage de manger tout le monde. Si elle s'appliquait à la lecture, elle lui était inutile. Quand elle parlait de son état à ses confesseurs, souvent ils la criaient et grondaient beaucoup, quelques résolutions qu'ils eussent prises du contraire ; dans plusieurs occasions, toutes les assurances qu'ils lui donnaient ne lui faisaient aucune impression de consolation, quoiqu'elle s'assujettît à leurs ordres ; il lui paraissait qu'elle ne s'expliquait pas bien, qu'elle ne se faisait pas entendre, ou bien qu'elle les trompait. Mais au moins Dieu lui restait, il est vrai ; mais elle pensait en être réprouvée, elle le regardait comme contraire et opposé, et croyait n'avoir plus d'accès auprès de sa divine majesté. Vers les grandes fêtes, ses tourments redoublaient. Elle était privée de toute consolation du côté du ciel et de la terre. Elle était insensible au bien comme une bête. Elle était crucifiée au corps, à l'esprit, en elle-même, par ses pensées, par sa mémoire, son imagination, par l'oraison, par les vertus, par les bonnes œuvres, par la lecture, par la solitude, par la conversation, par toutes les créatures ; les choses créées lui étaient comme aux damnés pour ce qui regarde la peine. Enfin elle était crucifiée par Dieu même. Tout ceci est tiré particulièrement du chapitre XXX de sa *Vie*, et de la *sixième demeure du Château intérieur*, quoiqu'elle en parle encore en plusieurs autres lieux.

Après cela, il faut encore remarquer que les

contradictions des hommes ont grandement servi à travailler et embellir une si précieuse croix. Elle s'est vue sur les bras presque de toutes sortes de personnes de toutes conditions et états. Les nobles lui ont résisté, les magistrats lui ont été fortement opposés, les officiers du roi, le gouverneur de la ville où elle établissait son premier monastère ont agi puissamment contre elle. Dans plusieurs assemblées de ville où tous les corps étaient appelés, l'on a conclu à la destruction de ses plus saints desseins. Ce qui est encore de bien fâcheux, toute une populace qui n'a point d'autre raison que ses caprices, et qui s'emporte ordinairement dans toutes sortes d'excès, était mutinée contre la sainte, criait contre elle, lui disait des paroles injurieuses et en voulait venir aux mains pour renverser de force sa pauvre maison, avec le gouverneur, qui menaçait d'en rompre la porte, d'en chasser quatre pauvres orphelines, qui ont été les premiers et dignes sujets de la réforme du Carmel. Ce n'est pas tout ; cela serait peu, si elle n'avait souffert des ecclésiastiques, des religieux, des prélats, de ses propres sœurs, de ses supérieurs, de son général, de ses amis, de ses confesseurs, de ceux qui d'autre part tâchaient de la soutenir.

Elle a souffert des princes de siècle, disent les leçons du jour de sa fête ; mais elle a beaucoup enduré des princes et des prélats de l'Église. Avec toute la modestie elle écrit franchement, parlant de l'un de ces prélats, qu'il semble que Dieu l'avait suscité pour exercer sa patience. Son général, qui lui avait dit de faire autant de fondations qu'elle avait de cheveux à la tête, se trouva tout changé et lui donna un couvent pour prison, lui défendant de ne plus se mêler de rien et la rendant, de cette sorte, ce semblait, inutile. Les religieuses du monastère où elle était quand elle commença à vouloir établir sa réforme criaient qu'elle leur faisait affront et parlaient de la mettre en prison. Ses confesseurs, comme il a été dit, la grondaient d'une manière fâcheuse, l'improuvaient, trouvaient à redire à son peu d'avancement, selon leurs pensées, lui disaient que ses grâces étaient des illusions, et qu'elle était trompée du démon ; ils lui écrivaient des lettres insupportables : on ne manquait pas de leur donner avis qu'ils se donnassent de garde d'elle, et l'affaire en vint à un tel point qu'elle ne faisait que pleurer, dans la crainte qu'elle avait de ne point trouver de confesseur qui la voulût confesser. Hélas ! s'écrie-t-elle si l'on prétend quelquefois recevoir de la consolation d'un confesseur, il semble que tous les démons sont de son conseil pour l'induire à me tourmenter. Il y a plus, elle souffrait même de ses directeurs qui la soutenaient plus courageusement, comme du saint homme le père Balthazar Alvarez. La raison est que ce lui était une peine extrême d'apprendre les persécutions qu'on leur faisait à son sujet. On blâmait étrangement leur conduite, en même temps que la sienne était improuvée. Ajoutons ici que ses amis n'ont pas peu contribué à la crucifier. Les uns interprétaient ses actions d'une manière qui ne lui était point avantageuse ; les autres croyaient qu'elle manquait d'humilité ; ceux-ci trouvaient à redire à sa conduite, et les autres la taxaient d'opiniâtreté, en ce qu'elle ne suivait point leur avis. L'histoire de l'ordre rapporte que ses amis communs s'assemblèrent, et qu'ils prirent la résolution de la faire conjurer comme une possédée. Quelquefois ils ne savaient où ils en étaient, à raison de quantités d'avis qu'on leur donnait de se donner de garde d'elle et de bien veiller sur eux à son occasion. Mais ce lui fut un grand tourment de les avoir sur les bras à la fondation du premier monastère.

Après qu'il se fut passé beaucoup de temps dans les disputes, tintamarres, travaux et procès au sujet de cet établissement, le gouverneur et la ville promirent de s'apaiser, et témoignèrent qu'ils seraient contents pourvu que le monastère fût renté. Ses amis, après en avoir délibéré, estimèrent, qu'il fallait contenter le gouverneur et la ville ; qu'il n'était pas à propos de continuer le trouble et de risquer même une fondation d'une telle conséquence pour une chose qui ne détruisait pas la perfection de l'observance que l'on avait dessein d'y établir. L'histoire dit que tous ses amis furent de ce sentiment. Cependant, pour le fortifier davantage, l'on proposa de consulter des docteurs, et les docteurs furent du même avis que tous ses amis. Représentez-vous l'extrémité où était réduite en cet état cette grande sainte : elle ne pouvait se résoudre à prendre des rentes ; mais c'était une pensée opposée à celle des docteurs et de ses amis. Cependant, comme elle demeurait dans ses sentiments, c'était pour passer pour opiniâtre, pour n'agir que par sa tête, pour n'avoir point de soumission et pour donner lieu de croire qu'elle était trompée et qu'elle n'avait point de véritable vertu. Il est vrai qu'elle avait l'avis du saint homme le père Pierre d'Alcantara, qui lui avait mandé qu'en matière de perfection les docteurs n'étaient pas les gens à qui il fallait s'adresser, et qu'il fallait savoir par expérience ce que c'est que pauvreté pour en parler dignement. C'est ce que la sainte a écrit, qu'en matière de foi, et pour savoir si les actions sont conformes à la raison, il faut consulter les doctes, et qu'elle n'en avait jamais été trompée ; mais, pour le reste, qu'ils ne se doivent pas mêler de ce qu'ils ne savent point. Nous avons rapporté au long les témoignages de la sainte dans notre livre du *règne de Dieu en l'oraison mentale*, dans les chapitres où nous avons traité des directeurs et de la direction. Cette âme séraphique n'agissait donc pas par sa propre lumière : mais cela lui servait de peu pour sa défense, les docteurs et ses amis étant d'un sentiment opposé à celui du bienheureux Pierre d'Alcantara.

Voilà donc notre sainte dans une contradiction terrible de toutes sortes de personnes, et, ce qui est plus fâcheux, dans la persécution des bons aussi bien que des méchants. Voyons un peu quelque chose de ce qu'elle souffre dans ces oppositions. Si la médisance est une des plus grandes persécutions, il faut dire que la sienne est bien grande, puisque non-seulement l'on parlait mal d'elle, mais que l'on en disait toute sorte de mal. Voici ce qu'en écrit le pieux évêque de Tarassone en sa vie : Les choses que l'on déposa contre la sainte mère et les religieux et religieuses de son ordre, et celles qu'on leur imposa, furent en si grand nombre, qu'on n'épargne aucune action infâme dont on peut tacher la réputation d'une vile femmelette, de laquelle celle de la sainte fut noircie et injurieusement souillée, puisque en ce qui concerne l'honnêteté, on dit d'elle le dernier des opprobres qu'on puisse reprocher à une coureuse, à une femme destituée de la crainte de Dieu. Dieu permit même que, dans un de ses voyages, elle fût maltraitée par une dame qui crut qu'elle lui avait dérobé un de ses patins, et qui, de l'autre, lui donna quantité de coups sur la tête, où elle souffrait de grandes douleurs, lui disant cent choses injurieuses. Pour rendre ses médisances publiques, on composa plusieurs mémoires et libelles diffamatoires, et l'on tâcha de faire une voix commune de tous ces mensonges. Sa réputation était de la sorte perdue, non-seulement dans les coins secrets de la ville, mais encore dans les places publiques, voire même dans les cloitres et en sa présence ; l'on en disait mille maux de tous côtés. Dans une assemblée de la ville de Médine, un religieux, qui était en grande estime, en parla fort mal, et la compara à une créature remplie de l'esprit de mensonge, qui avait fait grand bruit dans toute l'Espagne. Dans la fondation de Tolède, les femmes voisines lui contaient mille injures, et l'on venait quelquefois jusqu'à la grille pour l'accabler de reproches sanglants.

Que fera cette incomparable sainte an milieu de toutes ces tempêtes ? Si elle parle avec franchise, l'on crie à la superbe ; on assure que sa vertu est imaginaire puisqu'elle manque d'humilité. Si elle répond de son état, on dit qu'elle veut faire la spirituelle et enseigner les autres. Quand elle disait quelque chose par mégarde, et sans y faire attention, les serviteurs de Dieu la prenaient d'un autre biais, et entrevoyaient des conséquences. Il ne se peut dire les discours, les risées, les blâmes d'extravagances dont elle fut accablée. Lorsqu'elle proposa sa réforme, les religieuses où elle était criaient qu'elle leur faisait tort, et qu'il fallait la mettre en prison. Mais voici une étrange épreuve ; c'est celle qu'elle souffrit de la part de son général. Comme il était fort saint, on ne pouvait le soupçonner de n'être pas très bien intentionné ; comme il était d'une grande expérience et d'une haute sagesse, il eût été inutile de dire qu'il n'agissait pas avec tant de prudence ; comme il l'aimait beaucoup, il était facile de se persuader qu'il ne lui était en rien opposé ; comme il s'était servi avec confiance d'elle, on jugeait qu'il fallait qu'il eût de grandes raisons pour être ainsi changé à son égard ; comme il avait fait faire quantité d'informations à son sujet, qui lui furent données dans un chapitre général des Carmes mitigés, et qu'il avait pris avis des plus graves Pères qui y étaient assemblés, et que le tout avait été conclu par le définitoire, on ne pouvait pas penser qu'il y eût de la préoccupation ou de la tromperie. Au reste, il y avait des témoins et des déposants, qui la chargeaient de crimes qui étaient fort griefs. La postérité a bien su que c'étaient de faux témoignages ; mais pour lors ils n'étaient pas connus. La suite des temps a bien fait voir que ce général s'était laissé préoccuper, et qu'il avait été trompé ; que, tout saint qu'il était, il avait fait souffrir d'une manière très fâcheuse le prodige de la grâce de son temps ; mais pour lors c'étaient des choses cachées et inconnues. Ce qui était encore bien plus remarquable, c'est que presque tous les Pères mitigés s'opposaient à la sainte. Or, quelle apparence de faire plus de cas des sentiments d'une femme avec quelque petit nombre de personnes, que de presque tous les religieux d'un ordre ? Ajoutons à cela qu'il semblerait qu'au moins, pour le bien de la paix, il fallait se désister, puisqu'il n'y avait pas d'autres moyens d'apaiser les troubles. De plus, comme il a été dit ses contradictions ne venaient pas seulement de gens mal intentionnés, emportés de passion ou d'envie, mais de telle considération, que c'était beaucoup les offenser que de ne pas déférer à leur jugement. Il semblait que c'était faire tort à leurs vertus, à leurs lumières et à leurs qualités. C'est ce qui fut cause qu'outre les informations de l'ordre, il fut informé de la part du saint office de l'inquisition contre la sainte, à raison de l'autorité des personnes qui recensaient et de l'estime de vertus où elles étaient, et la poursuite fut si avancée qu'on attendait chaque jour qu'on la dût mettre prisonnière avec ses religieuses.

Cependant, comme l'on ne pouvait pas empêcher le brillant de ses vertus, et que ses grâces même extraordinaires étaient sues de plusieurs, l'on répondait que ces grâces étaient des illusions du diable, ou bien qu'elles venaient de son imagination ; que ces vertus n'avaient que l'apparence, et qu'au fond elle était une superbe et une hypocrite ; ce qu'on prenait la peine de lui venir dire à elle-même ; qu'elle se jetait dans des extrémités ; que c'était une trompeuse ; qu'il fallait s'en donner de garde ; que c'était une coureuse, une éventée ; qu'elle eût bien mieux fait de demeurer en repos dans son couvent, y vivant en bonne religieuse, et s'y acquittant des exercices ordinaires de la communauté, comme les autres.

Ô mon Dieu, que vos voies sont éloignées des voies des hommes ! Ô sagesse, ô prudence humaine, que deviens-tu ici ? Mais enfin l'Esprit de mon Dieu est toujours le même ; tous ses plus grands desseins ne s'établissent que par les plus grandes croix. N'attendez jamais de grands coups de grâce où vous ne remarquerez pas des oppositions extraordinaires. Les desseins où tout le monde applaudit, qui ne donnent que de l'honneur et de l'approbation à ceux qui les entreprennent, ne marquent pas de grands effets d'esprit divin. Assurez-vous que l'enfer ne s'oubliera pas s'il redoute puissamment quelque chose. Croyez que le monde sera toujours le monde, c'est-à-dire opposé à ceux qui lui en veulent véritablement, ne se souciant que de Dieu seul. Eh bien ! Thérèse est destinée pour former un grand nombre de maisons religieuses. La prudence humaine dit que cela ne se peut pas sans beaucoup d'argent ; elle n'a pas un denier, elle est réduite dans l'extrémité d'une pauvreté qui fait peur. Cette prudence dit qu'elle a besoin d'une réputation qui ne soit pas combattue, particulièrement voulant réformer, non-seulement des filles, mais des hommes, son honneur est mis en compromis de toutes parts ; elle est le sujet des railleries des compagnies. Cette prudence juge au moins qu'elle doit être fortement soutenue pour la mettre à couvert de ces opprobres, et donner lieu à l'exécution de ses desseins ; partout elle ne trouve que contradictions des prélats, de ses supérieurs, de ses religieux, de ses religieuses, de ses amis, de ceux qui lui sont contraires, des grands du monde, enfin de toutes sortes de personnes ; et ceux qui lui étaient les plus opposés étaient ceux qui étaient les plus goûtés. Le prélat Sega persista opiniâtrement dans la croyance qu'il fallait empêcher la réforme, condamnant, emprisonnant et bannissant avec une très grande rigueur ceux qu'il pensait lui pouvoir résister ; ordonnant, sous peine de plusieurs censures, à ceux qui y travaillaient, de n'y plus penser, et de ne plus traiter aucune affaire. Ceux qui persuadèrent au Père général de faire une étroite défense à la sainte de ne s'en plus mêler s'imaginèrent par là rendre cette réforme impossible, et laisser cette glorieuse réformatrice dans un ennui extrême.

Mais que les hommes se trompent dans leurs mesures ! Celui qui habite dans les cieux se moque bien de tous leurs efforts, qui ne sont rien devant sa majesté très adorable. Toute la sagesse se trouve dévorée en sa divine présence. Il prend plaisir à rompre toutes les voies dont ils se servent pour combattre ses desseins, pour les établir avec plus de force. C'est la manière dont le Tout-Puissant triomphe des plus sages du siècle, conduisant toutes choses à leurs fins par des moyens qui, selon toute la prudence humaine, ne sont propres qu'à les détruire. Oui, ô mon Seigneur et mon Dieu, vos plus grands ouvrages se font dans le néant, vos plus magnifiques édifices ne s'élèvent que sur des ruines qui font peur. Les pierres vives qui les composent, ce sont celles que le monde jette aux ordures, et qu'il juge inutiles et de nulle valeur. Tous les siècles font voir avec éclat cette sage et puissante conduite de Dieu ; mais les hommes n'ouvrent les yeux que bien tard ; ils la découvrent dans les siècles qui la précèdent, et ne la voient nullement dans les temps où ils vivent. Tous les fidèles voient bien actuellement que toutes les persécutions de sainte Thérèse, qui la menaçaient et son ordre d'une ruine totale, n'ont servi qu'à l'établir plus glorieusement ; mais c'était une chose cachée à la plupart des personnes de son temps. Cependant il faut avouer que nous sommes bien bornés dans nos lumières. Qui aurait jamais pensé que l'envie des frères de Joseph eût été le grand moyen de toute sa gloire ? La politique qui veut perdre un homme peut-elle mieux se conduire que celle de ces frères ? Qui n'aurait pas dit du pauvre Joseph : Voilà un homme perdu sans ressource ? Mais, ô providence de mon Dieu, que vous êtes admirable ! Sa perte fait sa plus glorieuse fortune. Ceux qui travaillent à sa ruine sont ceux qui, sans y penser, travaillent à le faire un des premiers hommes de la terre. Oh ! qui est semblable à notre Dieu, qui, du haut de sa demeure divine, arrête ses yeux avec plaisir sur les personnes qui sont dans les plus vils états de la vie, pour les tirer de la poussière et leur donner place avec les princes de son peuple ? Je demande si tous les frères de Joseph avaient conspiré unanimement, n'oubliant rien, et faisant tous leurs efforts pour faire la fortune de leur frère, qu'eussent-ils fait, qu'eussent-ils pu faire ? Mais, travaillant par leur envie à le perdre, ils servaient à la divine Providence de moyen pour en faire un vice-roi, et l'un des plus glorieux hommes du monde. C'est ce que ce grand patriarche remarque dignement, lorsque, parlant à ses frères tout saisis de frayeur lorsqu'ils l'eurent reconnu, il leur dit que ce n'était pas tant par leurs conseils que par la volonté de Dieu qu'il avait été envoyé en Égypte.

Mais revenons à notre sainte ; et après l'avoir vue toute crucifiée au corps et à l'esprit par la main de Dieu et par celle des hommes, voyons-la encore attachée à la croix par les démons mêmes : il faut qu'elle souffre en tout ce qu'elle est, et de tout ce qui est. Aussi Dieu tout bon la faisait endurer pour les péchés des autres, dont elle portait les peines qu'ils méritaient, pour leur obtenir la grâce que la divine miséricorde leur accordait. Les démons ne l'ont pas fait seulement souffrir par leurs artifices, lui disant des paroles intérieures, et lui paraissant sous la forme de Notre-Seigneur pour la tromper, mais ils l'ont tourmentée effroyablement par leur rage, et si souvent qu'elle assure que, si elle le voulait dire, elle lasserait tous ceux à qui elle le dirait. Ces malheureux esprits tâchaient quelquefois de l'étouffer et venaient à légions fondre sur elle, la faisant endurer d'une manière cruelle.

Son âme généreuse, au milieu de tous ces tourments, marchait en dame, comme si elle eût été dans son royaume ; et de vrai, Jésus-Christ ayant entré en la gloire par ces moyens, c'est par ces voies que les saints y sont associés et règnent éternellement avec lui dans son empire qui n'aura jamais de fin.

Venez, ô mon Seigneur Jésus, venez : *que votre règne nous arrive, que votre nom soit sanctifié, et que votre divine volonté soit faite en la terre comme au ciel.* (Matth. VI, 10)

Ainsi soit-il. Ainsi soit-il.

ORAISON À LA TRÈS SAINTE-VIERGE

Ô admirable Vierge Mère, c'est avec grande justice que l'Église chante que votre demeure est dans la plénitude des saints, Dieu tout bon ayant fait de votre personne sacrée comme un abrégé accompli de toutes les grâces qu'il a répandues dans tous ses élus ! Vous êtes le grand chef-d'œuvre du Tout-Puissant dans toutes les voies de la perfection, et par conséquent dans les saintes voix de la croix aussi bien que dans les autres. C'est donc avec sujet que je finis à vos pieds ce petit ouvrage, aussi bien que je l'y ai commencé, le mettant entièrement entre vos mains sacrées, pour y mettre la perfection que votre Fils bien-aimé y veut donner pour la seule gloire et le seul intérêt de Dieu seul, de la très-sainte Trinité, le Père, le Fils et le Saint-Esprit. Ainsi soit-il. Ainsi soit-il. Ainsi soit-il.

Copyright © 2023 Alicia Éditions
Credits images et couvertures : Alicia ÉDITIONS, www.
canva.com,
ISBN numérique : 9782384550913
ISBN broché : 9782384550920

www.ingramcontent.com/pod-product-compliance
Lightning Source LLC
LaVergne TN
LVHW032009070526
838202LV00059B/6358